Mucedorus

Shakespeare

Writat

Diese Ausgabe erschien im Jahr 2024

ISBN: 9789359941691

Herausgegeben von
Writat
E-Mail: info@writat.com

Inhalt

Dramatis Personæ

Adrostus, der KÖNIG VON ARAGON
AMADINE, die Königstochter von AragonARIENA, Amadines Magd,
SEGASTO, ein Edelmann von Aragon RUMBELO, ein Edelmann von
Aragon COLLEN, ein Ratsmitglied TREMELIO, ein Kapitän MOUSE,
der Clown

KÖNIG VON VALENCIA
MUCEDORUS, der Prinz von ValenciaANSELMO, sein
FreundRODERIGO, Edelmann von ValenciaBORACHIUS, Edelmann
von ValenciaBREMO, ein wilder Mann

KOMÖDIE
ENVYAEine ALTE FRAU, Adlige, Ratsmitglieder, ein Bote, ein Junge

DER PROLOG

Heiligste Majestät, deren große Verdienste
Dein Untertan England, ja die Welt, bewundert: Welcher Himmel schenke
noch mehr! O, möge sich dein Lob mit deinen Stunden vervielfachen und
dein Ruhm noch wachsen! Umarme deinen Rat, liebe mit Glauben sie und
führe sie, dass beide wie eins an der Seite des anderen sitzen. So möge dein
Leben weitergehen und so gleichmäßig verlaufen, dass dein Mit festem
Eifer errichtest du einen Thron im Himmel. Dort werden lächelnde Engel
deine Wächter sein. Von makellosen Verrätern, befleckt mit Meineid. Und
wie die Nacht dem Tag unterlegen ist, so unterliegen alle irdischen
Regionen deiner Herrschaft! Sei wie die Sonne Tag, der Tag zur Nacht,
denn von deinen Strahlen wird Europa Licht borgen. Freude ertränke deine
Brust, schöne Freude deinen Geist, und möge unser Zeitvertreib deine
Zufriedenheit finden.

[Prolog verlassen.]

INDUKTION

Betreten Sie COMEDY *freudig mit einer Girlande aus Buchten auf dem Kopf.*

KOMÖDIE.

Warum so; So hoffe ich zu gefallen: Musik belebt sich, und Fröhlichkeit ist erträglich; Komödie, spiele deine Rolle und erfreue; Mache diejenigen fröhlich, die mit dir Freude haben. Freude dann, gute Herren; Ich hoffe, Sie zum Lachen zu bringen. Erklingen Sie Bellonas silbergestimmte Saiten. Die Zeit passt gut zu uns, der Tag und der Ort gehören uns.

ENVY *tritt auf, seine Arme sind nackt und blutverschmiert.*

NEID.

Nein, bleib, du Diener, bleib; Da liegt ein Block! Was, alles auf Heiterkeit? Ich werde deine Geschichte unterbrechen und deine Musik mit einem tragischen Ende vermischen.

KOMÖDIE.

Was für eine monströse, hässliche Hexe ist das, die es wagt, die Freuden unseres Willens zu kontrollieren? Prachtvoller, mürrischer Köter, beschmiert mit blutigem Blut, der die Blüten der Freude zu unterdrücken scheint und das Geräusch von Bellonas Atem erstickt. Erröte, Monster, Erröte und beschäme dich, der die Taten einer Göttin stören will.

NEID.

Poste hierher, du widerspenstiger Trull. Ich werde diese Gewohnheit annehmen, trotz dir, und den Ruhm deines gewünschten Spiels erlangen. Ich werde donnernde Musik erschallen lassen, die die Nymphen erschrecken wird, und sie ihre klappernden Saiten zum Zittern bringen lassen, während sie um Hilfe zu ihnen fliegen feuchtkalte Höhlen.

[*Lässt die Trommeln drinnen ertönen und ruft: „Stich!" Stechen!"*]

Horche, lausche, du wirst ein Geräusch hören,
das die Luft mit einem schrillen Klang erfüllen wird, und donnernde Musik für die Götter oben: Mars selbst wird eine unvergleichliche Krone auf den Kopf des tapferen Neids herabreichen und seinen Rivalen mit dauerhaftem Ruhm erwecken. In diesem tapferen Musik Neid erfreut sich, wo ich sie in ihrem Blut schwelgen sehen kann,
und ihre Arme und Beine verschmähen, ganz erzittert,
und die Schreie vieler tausend Erschlagener hören kann. Wie gefällt dir das, mein Trull? Für mich ist es nur Sport!

KOMÖDIE.

Stolzer, verdammter Köter, aufgezogen mit Tigersaft, der so sehr darauf aus ist, den Geist einer Frau zu beunruhigen! Die Komödie ist mild, sanft,

willens, zu gefallen, und versucht, die Liebe aller Stände zu gewinnen,
Freuden in Heiterkeit, gemischt alles mit schönen Geschichten, und bringt
die Dinge mit dreifacher Freude zustande. Du blutiger, neidischer
Verächter der Freuden der Menschen, dessen Name voller blutiger List ist,
der sich an nichts anderem erfreut als an Beute und Tod, den du in ihrer
Lauheit mit Füßen treten kannst Blut, und ergreife ihre Herzen mit deinen
verfluchten Pfoten. Doch verschleiere deinen Geist; Räche dich nicht an
mir. Eine dumme Frau bittet dich darum. Gib mir die Erlaubnis, mein
Stück aufzuführen. Vermeide diesen Ort. Ich sehne mich demütig nach dir!
Und vermische nicht den Tod mit den erfreulichen Komödien, die nichts
anderes als Vergnügen und Wonne behandeln. Wenn irgendein Funke
Menschlichkeit in dir ruht, vergiss es; beginnen; Bieten Sie den Anzug von
mir an.

NEID.
Ja, das werde ich tun; Die Nachsicht wird so groß sein, dass der dreifache
Tod dich mit Trotz treffen wird und dich trauern lässt, wo du dich am
meisten freust, deine Heiterkeit in eine tödliche Almosen verwandeln wird,
deine Maßnahmen mit einem Todesgeläut wirbeln lässt und deine Meter in
ein Meer tauchen wird aus Blut. Das werde ich tun; So werde ich es mit dir
ertragen. Und um dich noch tiefer zu ärgern, werde ich dein Spiel mit
blutigen Drohungen beginnen und dich mit Neid und Hass begünstigen.

KOMÖDIE.
Dann, hässliches Monster, tu dein Schlimmstes, ich werde sie trotz dir
verteidigen. Und obwohl du mit tragischen Dämpfen denkst, meinem Spiel
bis zu meiner tiefen Schande zu trotzen, erzwinge ich es nicht, ich verachte,
was du tun kannst; ich werde es tun Gnade es so, du selbst sollst es
bekennen, vom tragischen Stoff zur angenehmen Komödie.

NEID.
Warum schickst du dann, Komödie, deine Schauspieler aus, und ich werde
die ersten Schritte ihres Schrittes kreuzen und sie vor dem Pfeil des Todes
fürchten lassen?

KOMÖDIE.
Und ich werde sie trotz all deiner Bosheit verteidigen. Also, hässlicher
Teufel, lebe wohl, bis die Zeit vergeht, damit wir uns treffen können, um
zum Besten zu verhandeln.

NEID.
Zufriedenheit, Komödie, ich werde meinen Zweig ausbreiten und die
verstreuten Blüten meines neidischen Baumes den Monstern erweisen und
ihnen ihre Freuden verderben.

[Ausgehen.]

AKT I

SZENE I. Valencia. Das Gericht

Klang. MUCEDORUS *und* ANSELMO *, sein Freund, treten auf* .

MUCEDORUS.
Anselmo!

ANSELMO.
Mein Herr und Freund.

MUCEDORUS.
Es ist wahr, mein Anselmo, sowohl dein Herr als auch dein Freund –

ANSELMO.
Deren liebe Zuneigungen mein Herz erfüllen und ihre Herrschaft in einer Kugel bewahren, aus der keine Illoyalität sie entwurzeln wird, sondern der Glaube fester in eurer erwählten Achtung pflanzt.

MUCEDORUS.
Ich trage viel Schuld, wenn ich es anders erwägen sollte, und kann das Schicksal auch nicht zulassen. Aber, mein Anselmo, ich muss sagen, ich muss diese Freundschaft entfremden. Missverstehen Sie nicht, sie ist vom Reich, nicht von Ihnen: Auch wenn die Länder sich trennen Körper, Herzen bleiben in Gesellschaft. Du weißt, dass ich oft private Beziehungen mit meinem königlichen Vater pflegte, wie etwa die schöne Amadine, das strahlende Juwel des reichen Aragonien, dessen Gesicht (manche sagen) dass blühende Lilien noch nie so fröhlich leuchteten, ausgezeichnet, nicht übertroffen ; doch der geringste Bericht verstümmelt die Wahrheit, indem er sich dessen rühmt, was nicht ist, beflügelt von Verlangen, dorthin werde ich direkt zurückkehren, und mein Schicksal soll, wie meine Gedanken sind, gerecht sein!

ANSELMO.
Wirst du Valencia verlassen, den Hof verlassen, ohne dass du im Blickfeld der Souveränität bleibst? Wage dich nicht, süßer Prinz, an diese Aufgabe, denn überall lauert Gefahr; lasst euch davon gewinnen!

MUCEDORUS.
Unterlasse die Abmahnung, mein Vorsatz duldet keine Batterie.
Wenn du also deine gewohnte Form beibehältst,
hilf mir, was ich vorhabe.

ANSELMO.
Ihr Fräulein wird einen Makel im Hof hinterlassen und einen frostigen Tau auf den Bart werfen, zu dessen Vorderseite sich Valencia neigt.

MUCEDORUS.
Wenn dir mein Wohlergehen zärtlich ist, dann nicht mehr. Lass die starke
Magie deiner Liebe deinen trivialen Satz bezaubern, der so vergeblich
verschwendet wird, als würde er die Sonne meckern. Erweitere dann nicht
weitere Antworten; Verschließe deine Lippen, es sei denn, deine Weisheit
verkleidet mich, gemäß meinem Vorsatz.

ANSELMO.
Diese Handlung bedarf keiner Beratung, da das, was du zu Recht bist, mehr
beherrschen wird als die beste usurpierte Form.

MUCEDORUS.
Du bist immer noch gegensätzlicher Gesinnung; ein obskureres,
unterwürfiges Gewand gebührt diesem Unternehmen.

ANSELMO.
Dann wie ein Florentiner oder eine Mountebank!

MUCEDORUS.
Es ist viel zu langweilig; Ich mag dein Urteil nicht. Mein Geist ist auf eine
bescheidenere Abstammung aufgepfropft.

ANSELMO.
In meinem Schrank hängt tatsächlich eine Soutane, obwohl die Basis des
Unkrauts ist, sie war einst die eines Hirten, die ich in Lord Julios Maske
präsentiert habe.

MUCEDORUS.
Das, mein Anselmo, und nichts anderes als das, maskiere Mucedorus vor
der vulgären Sichtweise. Diese Angewohnheit passt zu meiner Meinung;
Hol mir das Gras.

    [ANSELMO *verlassen* .]

Besser als die Könige, die diesen Staat nicht verachtet haben,
und viel schlechter, um ihren Gefährten zu bekommen.

    ANSELMO *tritt mit einem Hirtenmantel auf, den er* MUCEDORUS GIBT .

MUCEDORUS.
Also! Lass unseren Respekt deine Verschwiegenheit gebieten, und lass uns
sofort einen kurzen Abschied nehmen; Verzögerungen für Liebende sind
eine zweite Hölle.

    [MUCEDORUS *verlassen* .]

ANSELMO.
Wohlstand eilt dir voraus; peinlicher Zufall Sei niemals dem Unterfangen

deiner Wünsche benachbart; Inhalt und Ruhm bringen dich voran; gedeihe immer, und rühme deine Sterblichkeit, überlebe!

[*Ausfahrt.*]

SZENE II. Ein Wald in Aragon

Betreten Sie MOUSE *mit einer Flasche Heu.*

MAUS.

O schrecklich, schrecklich! War jemals ein armer Gentleman so verunsichert, dass er seine sieben Sinne verlor? Ein Bär? Nein, sicher kann es kein Bär sein, sondern irgendein Teufel im Bärenwams; denn ein Bär hätte niemals die Beweglichkeit besitzen können, mich zu erschrecken. Nun, ich werde dafür sorgen, dass mein Vater gehängt wird, bevor ich seinem Pferd weiter dienen werde. Nun, ich werde meine Flasche Heu nach Hause tragen und das Pferd meines Vaters einmal zum Puritaner machen und die Fastentage einhalten, denn er bekommt nichts davon. Aber weich! auf diese Weise folgte sie mir; Deshalb werde ich den anderen Weg einschlagen, und weil ich sicher sein werde, ein Auge auf sie zu haben, werde ich irgendeinem dummen Gläubiger die Hand schütteln und jeden Schritt zurück machen.

[*Als er rückwärts geht, kommt der* BÄR *herein, er purzelt über sie, rennt weg und lässt seine Flasche Heu zurück* .]

Dritte Szene.

SEGASTO *kommt angerannt, und* AMADINE *folgt ihm, von einem Bären verfolgt.*

SEGASTO:

Oh, fliehen Sie, gnädige Frau, fliehen Sie, sonst sind wir tot!

AMADINE.

Hilf, süßer Segasto, hilf, sonst sterbe ich!

SEGASTO:

Ach, gnädige Frau! Es gibt keinen anderen Ausweg als die Flucht. Dann beeilen Sie sich und retten Sie sich.

[SEGASTO *rennt weg.*]

AMADINE.

Warum sterbe ich dann? Ach! Hilf mir in der Not!

Auftritt MUCEDORUS, *wie ein Hirte, mit gezogenem Schwert und einem Bärenkopf in der Hand.*

MUCEDORUS.

Bleib, Dame, bleib; und sei nicht mehr bestürzt. Dieses grausame Tier, äußerst gnadenlos und gefallen, das Tausende ihres Lebens verloren hat, viele mit seinen harten Bestrebungen in Angst und Schrecken versetzte, indem es von Ort zu Ort schnüffelte, um seine Beute zu finden, und so sein Leben durch den Tod anderer verlängerte ,Sein Kadaver liegt jetzt kopflos und atemlos da.

AMADINE.
Ist dieses widerliche, deformierte Monster tot?

MUCEDORUS.
Vergewissern Sie sich dessen – schauen Sie sich seinen Kopf an. Wenn es Ihnen, Dame, gefällt, ihn anzunehmen, übergebe ich ihn mit bereitwilligem Herzen Ihrer Majestät.

AMADINE.
Danke, würdiger Hirte, tausendmal danke; dieses Geschenk, vergewissere dich, befriedigt mich mehr als die größte Gabe eines mächtigen Prinzen, obwohl er der Monarch der Welt wäre.

MUCEDORUS.
Gnädigste Göttin, mehr als sterblicher Wight – Dein himmlischer Farbton der richtigen Importe nicht weniger – Ich bin sehr froh, dass es meine Chance war, dieses Unternehmen in die Hand zu nehmen, das deinen fürstlichen Geist so sehr erfreut.

AMADINE.
Keine Göttin, Hirte, sondern ein sterblicher Wight, ein sterblicher Wight, der verzweifelt ist, wie du siehst: Mein Vater hier ist König von Aragon, ich, Amadine, seine einzige Tochter, und nach ihm der alleinige Erbe der Krone. Und jetzt, wo es ist Der Wille meines Vaters, mich mit Segasto zu verheiraten, dessen Reichtum durch den früheren Wucher des Vaters nicht weniger als wunderbar ist. Wir beide pflegten es oft,
den Hof zu verlassen,
um zur Erholung, besonders im Frühling, auf den Feldern spazieren zu gehen. Dadurch, dass es einen großen Vorrat an seltenen Freuden bietet und weiter geht als unsere gewohnten Spaziergänge, kaum in diese glücklosen Wälder gelangt, aber direkt vor uns, einen steil abfallenden Hügel hinab, eilte ein monströser hässlicher Bär schnell herbei, um uns beiden zu treffen – ich Dem Rest kann ich nichts sagen, guter Hirte, aber denken Sie an die grässlichen Blicke, die abscheulichen Ängste, die hunderttausend Leiden, die Amadine in diesem Moment ertragen musste.

MUCEDORUS.
Doch, würdige Prinzessin, lass deinen Kummer aufhören und lass diesen Anblick deine früheren Freuden wieder aufleben lassen.

AMADINE.
Glaub mir, Hirte, so ist es, nicht weniger.

MUCEDORUS.
Mögen sie lange nach Herzenslust bestehen bleiben. Aber sagen Sie mir,
Dame, was ist aus ihm geworden, rief Segasto, was ist aus ihm geworden?

AMADINE.
Ich weiß es nicht, ich; die die göttlichen Kräfte kennen; Aber Gott schenke
diesem süßen Segasto das Leben!

MUCEDORUS.
Doch war er in einem solchen Fall so hartherzig, so feige, sich durch die
Flucht zu retten und eine so tapfere Prinzessin der Beute zu überlassen.

AMADINE.
Nun, Hirte, denn du hast deine würdige Tapferkeit auf die Probe gestellt
und dich selbst aufs Spiel gesetzt, um mich freizulassen. Unentgeltlich wirst
du gewiss nicht sein. Vor Gericht soll dein Mut deutlich bekannt sein. Im
ganzen Königreich werde ich deinen Namen verbreiten, zu deinem Ruhm
und niemals – sterbender Ruhm; und damit dein Mut besser bekannt
werde, trage den Kopf dieses ungeheuerlichsten Tieres, offen vor den
Augen jedes Höflings. So wird der König, mein Vater, dich belohnen.
Komm, lass uns gehen und mich zum Hof bewachen.

MUCEDORUS.
Mit meinem ganzen Herzen.

[Ausgehen.]

SZENE IV. Rande des Waldes

Geben Sie SEGASTO *solus ein.*

SEGASTO.
Wenn Unmengen von Unheil über uns schweben, dann ist es an der Zeit,
sagen manche, sich umzuschauen und von den daraus resultierenden
Unheilen das Geringste zu wählen. Aber die Chance dieses Unglücklichen
ist hart, ja unglücklich, sein Los ist glücklos, und er ist kaytiffartig verflucht.
Über dessen Vorgehen das Schicksal immer die Stirn runzelt. Ich selbst,
meine ich, bin am meisten der Knechtschaft unterworfen; denn je mehr ich
versuche, das Schlimmste zu meiden, desto mehr werde ich durch Beweise
verflucht. Einstweilen wurde ich von einem hässlichen Bären angegriffen
Amadine in Gesellschaft, ganz allein. Sofort dachte ich daran, mich durch
die Flucht zu retten, und überließ meine Amadine ihren Schichten. Denn
der Tod war dazu da, dem Bären zu widerstehen, und der Tod war nicht
weniger von Amadines Schaden zu hören. Verflucht, ich, im ewigen Leben
So lange! Wenn ich so lebe, durchbohrt jede Minute einer Stunde mein

Herz mit Pfeilen von tausend Toten. Wenn sie ihrer Wut durch die Flucht entkommt, was wird sie denken? Wird sie mir nicht direkt ins Gesicht sagen und mich beschuldigen? bloße Untreue: Eine treue Freundin wird in Zeiten der Not auf die Probe gestellt. Aber ich, als sie in Todesgefahr war, brauchte mich und schrie: „Segasto, hilf!" Ich drehte mir den Rücken zu und rannte schnell weg, unwürdig Ertragen Sie diesen lebenswichtigen Atem! Aber was, was braucht diese Klagen? Wenn Amadine wirklich lebt, dann bin ich glücklich: Sie wird mit der Zeit vergeben und so vergessen. Amadine ist barmherzig, nicht wie Juno. In ihrem schädlichen Herzen hegt sie lange Zeit Hass.

MAUS, DER CLOWN, *kommt herein , rennt, weint, Keulen!*

MAUS.
Keulen, Zinken, Heugabeln, Geldscheine! O Hilfe! Ein Bär, ein Bär, ein Bär, ein Bär!

SEGASTO.
Immer noch Bären und nichts anderes als Bären? Sag mir, Sirrah, wo sie ist.

MAUS.
O Herr, sie ist durch den Wald gerannt, ich sehe ihren weißen Kopf und ihren weißen Bauch.

SEGASTO.
Du sprichst von Wundern, um mir von Eisbären zu erzählen; Aber, Sirra, hast du jemals so etwas gesehen?

MAUS.
Nein, mein Gott, so etwas habe ich noch nie gesehen; Aber ich erinnere mich an die Worte meines Vaters. Er sagte mir, ich solle aufpassen, dass ich nicht mit einem weißen Bären gefangen wurde.

SEGASTO.
Zweifellos eine beklagenswerte Geschichte.

MAUS.
Ich sage Ihnen was, Sir; Als ich auf ein Feld ging, um dem großen Pferd meines Vaters zu dienen, und eine Flasche Heu auf meinem Kopf trug — nun, sehen Sie, mein Herr, täuschte ich schnell, dass ich nichts sehen konnte, als ich den Bären kommen sah, und warf mein Heu in die Hecke und rannte weg.

SEGASTO.
Was, aus dem Nichts?

MAUS.

Ich garantiere Ihnen, ja, ich habe etwas gesehen; denn außer meiner Heuflasche waren noch zwei Ladungen Dornen da, und das waren drei.

SEGASTO.

Aber sag mir, Herr, die Bärin, die du gesehen hast: Hat sie nicht einen Eimer auf ihrem Arm getragen?

MAUS.

Hahaha! Ich habe noch nie in meinem Leben einen Bären melken sehen. Aber hören Sie, mein Herr, ich habe nicht bis zu ihrem Arm geschaut, ich habe nichts gesehen als ihren weißen Kopf und ihren weißen Bauch.

SEGASTO.

Aber sag mir, Herr, wo wohnst du?

MAUS.

Warum, kennst du mich nicht?

SEGASTO.

Warum nicht; Wie soll ich dich kennen?

MAUS.

Dann kennst du niemanden, und du kennst mich nicht. Ich sage Ihnen, Sir, ich bin der Sohn von Goodman Rat aus der nächsten Gemeinde jenseits des Hügels.

SEGASTO.

Goodman Rats Sohn; Warum, wie heißt du?

MAUS.

Ich bin ihm sehr nahe verwandt.

SEGASTO.

Ich glaube schon; aber wie heißt du?

MAUS.

Mein Name? Ich habe einen sehr hübschen Namen; Ich sage dir, wie ich heiße, mein Name ist Mouse.

SEGASTO.

Was, einfache Maus?

MAUS.

Ja, eine einfache Maus ohne Rahmen oder Schutz. Aber hören Sie, Herr, ich bin nur eine sehr junge Maus, denn mein Schwanz ist noch kaum ausgewachsen; Schau dir mal hier um.

SEGASTO.

Aber ich bitte dich, wer hat dir diesen Namen gegeben?

MAUS.

Glaube, Sir, das weiß ich nicht, aber wenn Sie es wissen möchten, fragen Sie das große Pferd meines Vaters, denn er ist seit einem halben Jahr länger bei meinem Vater als ich.

SEGASTO.

[*Beiseite* .] Das scheint ein fröhlicher Kerl zu sein;
Es ist mir egal, ob ich ihn mit nach Hause nehme. Fröhlichkeit ist ein Trost für einen unruhigen Geist. Ein fröhlicher Mann macht einen fröhlichen Herrn. [*Zu Maus* .] Wie sagst du, mein Herr, willst du bei mir wohnen?

MAUS.

Nein, sanft, Herr; zwei Worte zu einem Schnäppchen; Bitte, welchen Beruf hast du?

SEGASTO:

Kein Beruf, ich lebe auf meinem Land.

MAUS.

Dein Land? Geh, du bist kein Herr für mich. Warum denkst du, dass ich so verrückt bin, dass ich meinen Lebensunterhalt in dem Land zwischen Steinen, Dornen und Büschen suche und meine Festtagskleidung zerreiße? Ich nicht, mit deiner Erlaubnis.

SEGASTO:

Ich meine nicht: „Du sollst.“

MAUS.

Wie denn?

SEGASTO:

Du sollst mein Diener sein und mir am Hofe dienen.

MAUS.

Was ist das?

SEGASTO:

Wo der König liegt.

MAUS.

Was ist dieser König, ein Mann oder eine Frau?

SEGASTO:

Ein Mann wie du.

MAUS.

So bin ich? Hören Sie, Sir, beten Sie, was für ein Verwandter ist er mit dem guten König unserer Gemeinde, dem Kirchenvorsteher?

SEGASTO.

Keine Verwandtschaft mit ihm; er ist der König des ganzen Landes.

MAUS.

König des Landes? Ich habe ihn nie gesehen.

SEGASTO.

Wenn du bei mir wohnen willst, wirst du ihn jeden Tag sehen.

MAUS.

Soll ich wieder nach Hause gehen, um von Bären in Stücke gerissen zu werden? Nein, nicht ich, ich werde nach Hause gehen, ein sauberes Hemd anziehen und mich dann ertränken.

SEGASTO.

Du wirst nichts brauchen, wenn du bei mir wohnen willst, wird es dir an nichts mangeln.

MAUS.

Soll ich nicht? Dann ist hier meine Hand, ich werde bei dir wohnen. Und hören Sie, Herr! Nachdem Sie mich unterhalten haben, werde ich Ihnen sagen, was ich tun kann. Ich kann meine Zunge davon abhalten, zu stehlen und zu stehlen, und meine Hände davon abhalten, zu lügen und zu verleumden, das garantiere ich dir, so gut du jemals in deinem Leben einen Mann gehabt hast.

SEGASTO.

Jetzt werde ich mit traurigem Herzen und voller Zweifel vor Gericht treten. Wenn Amadine lebt, dann freue ich mich:
Ja, ich freue mich, wenn Amadine lebt.

[Ausgehen.]

AKT II

SZENE I. Das Lager des Königs von Aragon

Betreten Sie den KÖNIG *mit einem jungen gefangenen* PRINZEN *,*
AMADINE, TREMELIO, *mit* COLLEN *und Ratsmitgliedern.*

KÖNIG VON ARAGON.
Jetzt, tapfere Herren, sind unsere Kriege zu Ende, unsere Feinde müssen
besiegt werden, und wir ruhen in Sicherheit. Es ist unsere Aufgabe, im
Frieden solche Milde zu gebrauchen, als Tapferkeit in den Kriegen. Es ist
eine ebenso große Ehre, zu Hause großzügig zu sein, wie Eroberer auf dem
Feld zu sein. Deshalb, meine Herren, umso mehr zu meinem Wohlgefallen,
eurem Wohlgefallen und dem Schutz eures Landes, sind wir zur Ehe
bestimmt, um unsere Tochter dem Herrn zu geben Segasto hier, wer soll
nach mir das Diadem antreten und von nun an regieren, so wie ich es zuvor
getan habe, Euer einziger und rechtmäßiger König von Aragon. Was sagt
ihr, Herren, wie ihr zu meinem Rat?

COLLEN.
Und um Ihrer Majestät nicht zu gefallen, wir gestatten nicht nur das
Vergnügen Ihrer Hoheit, sondern geloben auch treu, was wir können, um
es zu fördern.

KÖNIG VON ARAGON.
Danke, meine Herren, wenn Adrostus noch lange lebt, wird er eure
Höflichkeiten in vollem Umfang vergelten. Tremelio, als Belohnung für
deine späte Tapferkeit nimm den katalanischen Prinzen zu dir, unseren
Gefangenen, der kürzlich in den Kriegen gefangen genommen wurde. Sei
sein Hüter, sein Lösegeld soll dein sein; Wir werden darüber nachdenken,
wenn die Muße es zulässt. In der Zwischenzeit nutze ihn gut; sein Vater ist
ein König.

TREMELIO.
Dank Eurer Majestät wird sein Verhalten so sein, dass er dabei keinen
Grund zum Grollen finden wird.

[TREMELIO *und* PRINCE *gehen weg* .]

KÖNIG VON ARAGON.
Dann marschieren wir weiter zum Hof und ruhen unsere müden Glieder
aus! Aber, Collen, ich habe eine Geschichte im Geheimen für dich
aufbewahrt:
Wenn du eine Parole von deinem König hören wirst,
denke, dann steht eine wichtige Angelegenheit bevor, das wird
höchstwahrscheinlich sein Kümmere dich um unseren Staat. Dann, Collen,
sei nicht fern von mir, und für deinen Dienst, den du bisher geleistet hast,

deine Wahrheit und Tapferkeit in jedem Punkt bewiesen, werde ich dich deshalb mit Gaben vergrößern. Also beschütze uns bis zum Gericht .

COLLEN.
Was mir mein Souverän befiehlt, will ich gerne tun.

[*Ausgehen.*]

SZENE II. Das gleiche

SEGASTO *und der* CLOWN *treten auf , bewaffnet um ihn herum.*

SEGASTO:
Sagen Sie mir, Bursche, wie gefallen Ihnen Ihre Waffen?

MAUS:
O, sehr gut, sehr gut, sie halten meine Seiten warm.

SEGASTO:
Sie halten die Hunde sehr gut von Ihren Schienbeinen fern, nicht wahr?

MAUS.
Wie soll ich die Hunde von meinen Schienbeinen fernhalten? Ich würde es verachten, aber meine Schienbeine könnten die Hunde von ihnen fernhalten.

SEGASTO:
Nun, Bursche, lasst das Gerede und sagt mir, kennst du Hauptmann Tremelios Zimmer?

MAUS:
Ja, sehr gut, es hat eine Tür.

SEGASTO:
Ich glaube schon, denn das ist in jedem Zimmer so. Aber kennst du den Mann?

MAUS:
Ja, wahrlich, er hat eine Nase im Gesicht.

SEGASTO:
Das hat doch jeder.

MAUS.
Das ist mehr als ich weiß.

SEGASTO.
Aber erinnerst du dich an den Hauptmann, der gerade hier beim König war und den jungen Prinzen gefangen nahm?

MAUS.
Oh, sehr gut.

SEGASTO.
Geh zu ihm und bitte ihn, zu mir zu kommen. Sagen Sie ihm, dass ich ihm eine geheime Angelegenheit mitteilen möchte.

MAUS.
Das werde ich, Meister; Meister, wie ist sein Name?

SEGASTO.
Warum, Captain Tremelio, Mann?

MAUS.
O, der Essensmann; Ich kenne ihn sehr gut; er bringt jeden Samstag Essen; Aber höre, Meister, muss ich ihn bitten, zu dir zu kommen, oder musst du zu ihm kommen?

SEGASTO.
Nein, Sirrah, er muss zu mir kommen.

MAUS.
Hören Sie, Meister; Wie, wenn er nicht zu Hause wäre? Was soll ich dann tun?

SEGASTO.
Dann hinterlasse es doch einigen seiner Leute.

MAUS.
O Herr, wenn niemand da ist, werde ich seinem Hund Bescheid geben.

SEGASTO.
Warum kann sein Hund sprechen?

MAUS.
Ich kann es nicht sagen; Warum behält er sonst seine Kammer?

SEGASTO.
Um solche Schurken wie du fernzuhalten.

MAUS.
Nein, meine Dame, dann gehen Sie selbst.

SEGASTO.
Sie werden gehen, Herr; nicht wahr?

MAUS.
Ja, heiraten, will ich. O, es kommt mir in den Sinn, und wenn er nicht drinnen ist, werde ich seine Kammer zu dir bringen.

SEGASTO.
Was, willst du das Haus des Königs niederreißen?

MAUS.
Nein, meine Dame, ich werde zuerst den Preis erfahren. Meister, es ist so ein harter Name, ich habe ihn schon wieder vergessen. Ich bitte dich, sag mir seinen Namen.

SEGASTO.
Ich sage es dir, Kapitän Tremelio, Schurke.

MAUS.
Oh, Kapitän Treble-Schurke, Kapitän Treble-Schurke.

[Ruft an.]

TREMELIO tritt auf.

TREMELIO.
Wie nennst du mich nun, Herr?

MAUS.
Ihr müsst zu meinem Herrn kommen, Kapitän Treble-Schurke.

TREMELIO.
Mylord Segasto, habt Ihr nach mir geschickt?

SEGASTO.
Das habe ich, Tremelio. Sirrah, über Ihr Geschäft!

MAUS.
Ja, heiraten, was ist das, kannst du das sagen?

SEGASTO.
Nein, nicht gut.

MAUS.
Dann kann ich heiraten; direkt zur Küchenkommode, zu John, dem Koch, und hol mir ein gutes Stück Rindfleisch und Bier; und dann zur Butterluke, zu Thomas, dem Butler, für einen Schluck Bier, und dort werde ich mich eine Stunde lang so abmühen; und deshalb bitte ich Sie, mich nicht anzurufen, bis Sie glauben, dass ich es getan habe. Ich bitte Sie, guter Meister.

SEGASTO.
Nun, Sir, weg. Tremelio, das ist es!

[MAUS verlassen .]

Du kennst die Tapferkeit von Segasto, die sich
über das ganze Königreich des großen Aragoniens ausbreitet, so wie er
Triumphe und Gnaden gefunden hat, zu keiner Zeit eingeschüchtert, aber jetzt
steht ein bewunderter Hirte vor Gericht für seine Würdigkeit,

und Lord Segastos Ehre wurde beiseite gelegt; Meine Güte Darum ist es
dein Wille, dass du Mittel findest, um den Tod des Hirten herbeizuführen:
Ich weiß, dass deine Kraft ausreicht, um meinen Wunsch zu erfüllen, und
dass deine Liebe nichts anderes ist, als „meine Verletzungen zu rächen".

TREMELIO.
Es ist nicht das Stirnrunzeln des Hirten, das Tremelio fürchtet. Deshalb
denke ich, dass es das erreicht hat, was ich in die Hand nehme.

SEGASTO.
Danke, guter Tremelio, und versichere dir: Was ich verspreche, das werde
ich auch halten.

TREMELIO.
Danke, mein guter Herr, und sehen Sie rechtzeitig, wohin Er kommt.
Bleiben Sie eine Weile stehen und Sie werden sehen, wie ich Ihre
beabsichtigten Ideen in die Tat umsetze.

 Auftritt MUCEDORUS.

Nimm dich an, Swain, wenn das so ist, treffe ich dich richtig!

MUCEDORUS.
Abscheulicher Feigling, so ohne Grund, einen Mann zu schlagen – Wende
dich um, Feigling, dreh dich um; Jetzt schlag zu und tu dein Schlimmstes!

 [MUCEDORUS *tötet ihn.*]

SEGASTO.
Halt, Hirte, halt! O verschone ihn, töte ihn nicht! Verfluchter Bösewicht,
sag mir, was du getan hast? Tremelio, ach, treuer Tremelio! Ich trauere um
deinen Tod, und seit du Segasto als treu erwiesen hast, wird Segasto nun
mit Rache leben und ihn ehren der tote Leichnam von Tremelio.
Blutrünstiger Bösewicht, geboren und erzogen zum gnadenlosen Morden.
Sage mir, wie kannst du so mutig sein, einst deine Hände auf den
Geringsten von mir zu legen? Versichere dir, du wirst nach dem Gesetz
behandelt !

MUCEDORUS.
Segasto, hör auf! Diese Drohungen sind unnötig. Beschuldigen Sie mich
nicht des Mordes, der nichts getan hat, außer zu meiner eigenen
Verteidigung.

SEGASTO.
Nein, Hirte, vernünftig nicht mit mir; ich werde deine Tatsache dem König
offenbaren, dessen Schicksal dein Tod sein wird, wie du es verdienst. Was
soll ich, Maus, komm weg!

 Geben Sie MOUSE EIN .

MAUS.
Warum, wie jetzt, was ist los? Ich dachte, du würdest anrufen, bevor ich es
getan hätte.

SEGASTO.
Komm, hilf, weg mit meinem Freund.

MAUS.
Warum ist er betrunken? Kann er nicht auf den Beinen stehen?

SEGASTO.
Nein, er ist nicht betrunken, er ist erschlagen.

MAUS.
Flain? Nein, meine Dame, er ist nicht blöd.

SEGASTO.
Er ist getötet, sage ich dir.

MAUS.
Womit tötest du deine Freunde? Ich werde dir nicht länger dienen.

SEGASTO.
Ich sage dir, der Hirte hat ihn getötet.

MAUS.
O, hat das einer getan? Aber, Meister, ich werde seine gesamte Kleidung
haben, wenn ich ihn wegtringe.

SEGASTO.
Nun, so sollst du.

MAUS.
Dann komm, ich werde helfen; Masse, Meister, ich glaube, seine Mutter singt
ihm zu, er ist so schwer.

[Verlassen SEGASTO und MOUSE .]

MUCEDORUS.
Schauen Sie sich den wankelmütigen Zustand des Menschen an, der immer
veränderlich ist, niemals eins! Manchmal ernähren wir uns von Fantasien
mit der Süße unserer Wünsche, manchmal wiederum
spüren wir die Hitze extremen Elends.
Jetzt bin ich für den Hof und das Land. Morgen werden sich diese
Gefälligkeiten in Stirnrunzeln verwandeln. Heute lebe ich, gerächt an
meinem Feind, morgen sterbe ich, mein Feind hat sich an mir gerächt.

[Ausfahrt.]

SZENE III. Der Wald

Betreten Sie BREMO, *einen wilden Mann.*

BREMO.

Heute Morgen kein Passagier? Was, nicht eine? Eine Chance, die sich selten ergibt. Was, nicht eine? Dann liege da und ruhe dich aus, bis ich noch mehr brauche.

[*Legt seinen Schläger nieder.*]

Nun, Bremo, setz dich, deine Muße bietet so viel,
eine unnötige Sache. [*Setzt sich* .] Wer kennt nicht Bremos Stärke,
die wie ein König in diesen Wäldern herrscht? Der Bär, der Eber wagt es nicht, meinen Anblick zu ertragen, sondern eilt davon, um sich durch die Flucht zu retten. Das kristallklare Wasser in den sprudelnden Bächen, als ich Kommen Sie vorbei, rutschen Sie schnell davon und klatschen Sie in Schränke unter Banken, aus Angst, dem kühnen Bremo ins Gesicht zu sehen. Die alten Eichen verneigen sich bei Bremos Atem, und alle anderen Dinge stehen immer noch unter meinem Befehl. Was würde ich sonst tun? Zerreißen Zerreiße sie in Stücke, reiße sie von der Erde, und auf jede andere Weise würde ich mich rächen. Warum kommt hierher, mit dem ich nicht zu kämpfen wage? Wer kämpft mit mir und stirbt nicht den Tod? Nicht einer! Welche Gunst erweist dieser starke Stock jenen, die hier in diesen Wäldern mit mir kämpfen? Warum, der Tod und nichts anderes als der gegenwärtige Tod. Mit ruheloser Wut wandere ich durch diese Wälder. Hier gibt es kein Geschöpf, das sich nicht vor Bremos Macht fürchtet : Mann, Frau, Kind und Tier und Vogel und alles, was sich meinem Blick nähert, müssen fallen, wenn Bremo einmal die Stirn runzelt. Komm, Knüppel, komm, mein Partner in meiner Beute, denn hier sehe ich das Tag wird es nicht sein;
Aber wenn es passiert, dass ich auf jemanden treffe,
genügt ein Streich, um meinen Willen zu verwirklichen. Was, kommt nicht einer? Dann lass uns gehen. Eine Zeit wird dienen, in der wir schneller werden.

[*Ausfahrt.*]

SZENE IV. Aragonien. ein Prunksaal im Gerichtssaal

Betreten Sie den KÖNIG, SEGASTO, *den* HIRTEN *und den* CLOWN *mit anderen.*

KÖNIG VON ARAGON.

Hirte, du hast deine Ankläger gehört; Der Mord wird dir zur Last gelegt;
Was kannst du sagen? Du hast den Tod verdient.

MUCEDORUS.

Schrecklicher Souverän, ich muss gestehen, ich habe diesen Kapitän zu meiner eigenen Verteidigung getötet, nicht aus böser Absicht, sondern durch Zufall; aber mein Ankläger hat noch eine weitere Bedeutung.

SEGASTO.
Worte werden hier nicht obsiegen: Ich suche Gerechtigkeit, und Gerechtigkeit sehnt sich nach seinem Tod.

KÖNIG VON ARAGON.
Hirte, dein eigenes Bekenntnis hat dich verurteilt. Herr, nimm ihn weg und führe ihn direkt zur Hinrichtung.

MAUS.
Das wird er, das versichere ich ihm. Aber hörst du, Meisterkönig, er ist mit einem Affen verwandt; sein Hals ist größer als sein Kopf.

SEGASTO.
Sirrah, weg mit ihm und hängt ihn etwa in der Mitte auf.

MAUS.
Ja, wahrlich, ich garantiere Ihnen. Kommen Sie, Herr; Ah, sieht so aus wie ein Schafbeißer.

AMADINE *und ein* JUNGE *mit Bärenkopf treten auf*.

AMADINE.
Fürchterlicher, souveräner und geliebter Herr, auf gebeugten Knien sehne ich mich nach dem Leben dieses verdammten Hirten, der zuvor das Leben deiner manchmal verzweifelten Tochter bewahrt hat.

KÖNIG VON ARAGON.
Das Leben meiner manchmal verzweifelten Tochter gerettet? Wie kann das sein? Ich kannte nie die Zeit, in der du in Not warst. Ich wusste nie den Tag, an dem ich deinen Besitz nicht bewahrt habe, wie es sich für eine Königstochter gehörte. Ich habe den Hirten bis jetzt nie gesehen. Wie kommt es dann, dass er bewahrt? war dein Leben?

AMADINE.
Als wir einmal mit Segasto durch den Wald spazierten, weiter als wir es gewohnt waren, direkt vor uns einen steil abfallenden Hügel hinab, lief ein monströser, hässlicher Bär schnell auf ihn zu, um uns beiden zu treffen. Ob das nun wahr ist, ich beziehe mich darauf zur Ehre von Segasto.

SEGASTO.
Das ist wahr, nicht wie Eure Majestät.

KÖNIG VON ARAGON.
Wie dann?

AMADINE.
Da der Bär begierig darauf war, seine Beute zu ergattern, kam er mit
offenem Maul auf uns zu, als ob er uns beide auf einmal verschlingen
wollte. Der Anblick machte uns beiden Angst, besonders aber deine
Tochter Amadine, die – denn ich sah es Kein Zwischenfall mit Beistand,
aber in Segastos Tapferkeit wuchs die Verzweiflung, und er begann, feige
zu fliehen, und ließ mich betrübt zurück, als ich von ihm verschlungen
wurde – Segasto, wie sagst du? Ist es nicht wahr?

KÖNIG VON ARAGON.
Sein Schweigen bestätigt, dass es wahr ist. Was dann?

AMADINE.
Dann erstaunte ich, verzweifelt, ganz allein, und rettete mich schnell, um
diesem hässlichen Bären zu entkommen, aber alles war vergebens; Denn er
griff nach mir, und oft konnte ich seinen Pfoten kaum entkommen, bis
schließlich dieser Hirte kam und mir seinen Kopf brachte. Komm her,
Junge; Siehe, hier ist es, das ich Eurer Majestät präsentiere.

    [*Der Kopf des Bären wird dem König präsentiert.*]

KÖNIG VON ARAGON.
Das Abschlachten dieses Bären verdient großen Ruhm.

SEGASTO.
Das Abschlachten eines Mannes verdient große Schuld.

KÖNIG VON ARAGON.
In der Tat kommt es oft vor, dass so etwas ausfällt.

SEGASTO.
Tremelio hat dich in den Kriegen bewahrt, oh König.

AMADINE.
Der Hirte im Wald, oh König, hat mich behütet.

SEGASTO.
Tremelio kämpfte, obwohl viele Männer nachgaben.

AMADINE.
Das würde auch der Hirte tun, wenn er auf dem Feld gewesen wäre.

MAUS.
[*Beiseite* .] Das würde auch mein Herr tun, wenn er nicht weggelaufen wäre.

SEGASTO.
Tremelios Streitmacht rettete Tausende vor dem Feind.

AMADINE:
Die Kraft des Hirten hat Tausende weitere gerettet.

MAUS:
[*Beiseite* .] Ja, Schiffsstäbe, sonst nichts.

KÖNIG VON ARAGON.
Segasto, hör auf, den Hirten anzuklagen, Seine Würdigkeit verdient eine Belohnung, Wir alle sind verpflichtet, dem Hirten Gutes zu tun. Hirte, Obwohl es mein Urteil war, dass du sterben solltest, soll mein Urteil auch gelten, denn du wirst sterben.

SEGASTO:
Danke, Eurer Majestät.

KÖNIG VON ARAGON.
[*Zu Segasto* .] Aber sanft, Segasto, nicht für dieses Vergehen.
[*Zu Mucedorus* .] Mögest du lange leben; [*zu Segasto* .] und wenn die Schwestern beschließen werden,
den verdrehten Faden des Lebens zu zerschneiden,
dann lass ihn sterben: Dafür gebe ich dich frei; [*zu Mucedorus* .] Und für deine Tapferkeit werde ich dich ehren.

AMADINE.
Dank Eurer Majestät.

KÖNIG VON ARAGON.
Komm, Tochter, lass uns jetzt aufbrechen, um die würdige Tapferkeit des Hirten mit Belohnungen zu ehren.

[*Ausgehen.*]

MAUS.
O Meister, höre dich, du hast jetzt eine neue Hand gemacht, ich dachte, du würdest es tun, beschimpfte dich! Warum, was wirst du jetzt tun? Dadurch hast du mir einen guten Beruf verloren. Glaube, Meister, jetzt kann ich den Hirten nicht hängen. Ich bitte dich, lass mich mir die Mühe machen, dich zu hängen, es ist nur eine halbe Stunde Übung.

SEGASTO.
Du bist immer noch in deiner Schurkerei, aber wenn ich sein Leben nicht haben kann, werde ich seine Verbannung für immer herbeiführen. Komm schon, Sirrah.

MAUS.
Ja, wahrlich, ich komme. [*Beiseite* .] Lache ihn aus, ich bitte dich.

[*Ausgehen.*]

Akt III

SZENE I. Hain in der Nähe des Gerichts

Betreten Sie MUCEDORUS *solus.*

MUCEDORUS:
Von Amadine und vom Hof ihres Vaters, mit Gold und Silber und mit reichen Belohnungen, die aus den Ufern der goldenen Schatzkammern flossen. Ich könnte noch mehr prahlen und sagen, aber ich war nie ein Hirte mit solcher Würde.

Der BOTE *und* DIE MAUS, *der Clown, kommen auf den Plan.*

BOTE:
Heil dir, würdiger Hirte!

MAUS.
Alles Regen, mieser Hirte!

MUCEDORUS:
Willkommen, meine Freunde, woher kommt Ihr?

BOTE.
Der König und Amadine begrüßen dich herzlich. Und nachdem du begrüßt wurdest, fordern sie dich auf, den Hof zu verlassen. Hirte, verschwinde!

MAUS.
Hirte, nimm die Beine, flieg weg, Hirte.

MUCEDORUS.
Wessen Worte sind das? Kommen diese von Amadine?

BOTE.
Ja, von Amadine.

MAUS.
Ja, von Amadine.

MUCEDORUS.
Ah! glückloses Schicksal, schlimmer als Phaetons Geschichte. Meine frühere Glückseligkeit ist jetzt zu meinem Ballen geworden.

MAUS.
Was, willst du dich vergiften?

MUCEDORUS.
Mein früherer Himmel ist jetzt meine Hölle geworden.

MAUS.
Das schlechteste Bierhaus, das ich jemals in meinem Leben betreten habe.

MUCEDORUS.
Was soll ich tun?

MAUS.
Erhängen Sie sich sogar eine halbe Stunde lang.

MUCEDORUS.
Kann Amadine so mürrisch befehlen, den Hirten vom Hof ihres Vaters zu
verbannen?

BOTE.
Was sollten Hirten vor Gericht tun?

MAUS.
Was sollen Hirten unter uns tun? Haben wir bei Gericht nicht genug Herren
über uns?

MUCEDORUS.
Hirten sind Menschen und Könige gibt es nicht mehr.

BOTE.
Hirten sind Männer und Herren ihrer Herde.

MAUS.
Das ist eine Lüge; Wer zahlt ihnen dann ihren Lohn?

BOTE.
Nun, du unterbrichst mich ständig, aber du solltest besser auf ihn achten,
damit du nicht für ihn hängst, wenn er weg ist.

[Ausfahrt.]

MAUS.
[*Singt.*] *Und du sollst hängen,*
weil du mich in Ruhe gelassen hast.
Hirte, tritt hervor und höre dein Urteil! Shepherd, bin innerhalb von drei
Tagen gegangen, unter Androhung meines Unmuts; Hirte, geh fort; Hirte,
beginnen, beginnen, beginnen, beginnen; Hirte, Hirte, Hirte.

[*Ausfahrt.*]

MUCEDORUS.
Und muss ich gehen? und muss ich unbedingt gehen? Ihr guten Haine,
Teilhaber meiner Lieder. In der Zeit zuvor, als das Glück nicht die Stirn
runzelte, schüttet eure Klagen aus und jammert eine Weile mit mir. Und du
strahlende Sonne, mein Trost in der Kälte,
Verstecke dich, verbirg dein Angesicht und lass mich trostlos zurück;
Ihr wohltuenden Kräuter und wohlriechenden Düfte, ja, alles andere, was

das Leben des Menschen verlängert, ändert, ändert euren gewohnten Weg,
damit ich, der eure Hilfe braucht, auf traurige Weise sterben kann.

AMADINE und ARIENA, ihre Zofe, treten auf.

AMADINE.
Ariena, wenn jemand nach mir fragt, entschuldige dich, bis ich
zurückkomme.

ARIENA.
Was, ein Segasto-Anruf?

AMADINE.
Tue es ihm gleich, ich will nicht lange bleiben.

[Verlassen Sie ARIENA .]

MUCEDORUS.
Diese Stimme ist so süß, dass meine sehnsüchtigen Geister wieder aufleben.

AMADINE.
Hirte, gut getroffen, bitte, sag mir, wie es dir geht?

MUCEDORUS.
Ich zögere mit dem Leben, wünsche mir aber einen baldigen Tod.

AMADINE.
Hirte! Obwohl deine Verbannung bereits beschlossen wurde und alles
gegen meinen Willen, doch Amadine –

MUCEDORUS.
Ah, Amadine, von der Verbannung zu hören ist der Tod, ja, der doppelte
Tod für mich, aber da ich gehen muss, sehne ich mich nach einer Sache –

AMADINE.
Sag weiter, von ganzem Herzen.

MUCEDORUS.
Dass du mich in meiner Abwesenheit, sei es fern oder nah, als Diener
deines Namens ehrst.

AMADINE.
Nicht so.

MUCEDORUS.
Und warum?

AMADINE.
Ich ehre dich als Souverän meines Herzens.

MUCEDORUS.
Ein Hirte und ein Souverän, nichts Vergleichbares.

AMADINE.
Doch genug, wo es keine Abneigung gibt.

MUCEDORUS.
Doch große Abneigung, sonst keine Verbannung.

AMADINE.
Hirte, nur Segasto sorgt für deine Verbannung.

MUCEDORUS.
Unwürdige Wights sind am meisten eifersüchtig.

AMADINE.
Wollte Gott, sie würden dich von der Verbannung befreien, oder auch
mich verbannen.

MUCEDORUS.
Amen, sage ich, Ihre Gesellschaft zu haben.

AMADINE.
Nun, Hirte, du erleidest dies um meinetwillen, Mit dir in der Verbannung
lass auch mich leben, Unter dieser Bedingung, Hirte, kannst du lieben.

MUCEDORUS.
Nicht mehr lieben, mich nicht mehr leben lassen.

AMADINE.
In letzter Zeit habe ich tatsächlich einen geliebt, jetzt liebe ich niemanden
außer dich.

MUCEDORUS.
Danke, würdige Prinzessin, ich brenne ebenfalls, aber ersticke die
Explosion, ich wage nicht zu versprechen, was ich nicht halten darf.

AMADINE.
Nun, Hirte, höre, was ich sagen werde, ich werde an den Hof meines
Vaters zurückkehren, denn ich halte es für am besten, mich mit den Dingen
zu versorgen, die ich für meine Reise brauche.
Wenn das erledigt ist, werde ich zu dir zurückkehren;
bestimme also den Ort, an dem wir uns treffen können.

MUCEDORUS:
Unten im Tal, wo ich den Bären erschlug, Und dort wächst eine schöne,
breit verzweigte Buche, Die einen Brunnen beschattet: Wer also zuerst
kommt, der möge unser beider glückliches Zusammentreffen erleben.
Gefällt dir das?

AMADINE:

Mir gefällt es sehr gut.

MUCEDORUS:

Nun können Sie, wenn es Ihnen recht ist, die Zeit festlegen.

AMADINE:

In vollen drei Stunden bin ich, so Gott will, wieder da.

MUCEDORUS:

Den Dank, den Paris der griechischen Königin gab, erwidert Mucedorus.

AMADINE.

Dann, Mucedorus, für drei Stunden Abschied.

[*Ausfahrt.*]

MUCEDORUS.

Ihr Abschied, meine Dame, erzeugt einen geheimen Schmerz.

[*Ausfahrt.*]

SZENE II. Das Gericht

Geben Sie SEGASTO *solus ein.*

SEGASTO.

Es ist gut, Segasto, dass du deinen Willen hast: Sollte solch ein Hirte, solch ein einfacher Kerl, deinen durch den Hof berühmten Ruf in den Schatten stellen? Nein, flehe, Segasto, flehe! Und lass es in Aragon nicht sagen: Ein Hirte hat Segastos Ehre hat gewonnen.

MAUS, DER CLOWN, *tritt auf und ruft seinen Meister.*

MAUS.

Was für eine Ho! Meister, kommst du mit?

SEGASTO.

Wirst du hierher kommen, ich bitte dich, was ist los?

MAUS.

Warum ist es noch nicht nach elf Uhr?

SEGASTO.

Wie dann, Herr?

MAUS.

Ich bitte Sie, kommen Sie zum Abendessen.

SEGASTO.

Ich bitte dich, komm her.

MAUS.
Hier ist so ein Ding mit dir, wirst du nie kommen?

SEGASTO.
Ich bitte Sie, Herr, was gibt es Neues von der Nachricht, die ich Ihnen
geschickt habe?

MAUS.
Ich sage Ihnen, das ganze Durcheinander liegt bereits auf dem Tisch. Vor
einer halben Stunde brauchte es nicht einmal eine Prise Senf.

SEGASTO.
Kommen Sie, Herr, Ihre Gedanken sind ganz auf Ihrem Bauch, Sie haben
vergessen, was ich Ihnen gesagt habe.

MAUS.
Faith, ich weiß nichts, aber du hast mir gesagt, dass ich zum Frühstück gehen
soll.

SEGASTO.
War das alles?

MAUS.
Glaube, ich habe es vergessen, der Geruch des Fleisches hat mich ganz
vergessen lassen.

SEGASTO.
Du hast den Auftrag vergessen, den ich dir auftrage?

MAUS.
Was für ein Arrant? ein arroganter Schurke oder eine arrogante Hure?

SEGASTO.
Warum, du Schurke, habe ich dir nicht geboten, den Hirten und Bussard zu
verbannen?

MAUS.
Oh, der Bastard des Hirten.

SEGASTO.
Ich sage dir, die Verbannung des Hirten.

MAUS.
Ich sage euch: Der Bastard des Hirten soll gut behütet werden; Ich werde es
mir selbst ansehen. Aber ich bitte Sie, kommen Sie zum Abendessen.

SEGASTO.
Dann wirst du mir nicht sagen, ob du ihn verbannt hast oder nicht?

MAUS.
Ich kann nicht *Verbannung sagen* , und dafür würden Sie mir tausend Pfund geben.

SEGASTO.
Warum, du Hurensklave, hast du vergessen, dass ich dich und einen anderen geschickt habe, um den Hirten zu vertreiben?

MAUS.
Was für ein Arsch bist du; Hier herrscht tatsächlich Aufruhr, hier ist eine Botschaft, Arrant, Verbannung, und ich kann nicht sagen, was.

SEGASTO.
Ich bitte Sie, Herr, soll ich wissen, ob Sie ihn vertrieben haben?

MAUS.
Glaube, ich glaube, ich habe; Und Sie werden mir nicht glauben, fragen Sie meine Mitarbeiter.

SEGASTO.
Warum, können Ihre Mitarbeiter es sagen?

MAUS.
Er war ja auch bei mir.

SEGASTO:
Dann bin ich glücklich, dass mein Wille durchgesetzt wurde.

MAUS.
Und glücklicher wäre ich, wenn Sie zum Essen kämen.

SEGASTO:
Komm, Bursche, folge mir.

MAUS.
Ich garantiere Ihnen, ich werde keinen Zentimeter von Ihnen verlieren, jetzt, wo Sie zum Abendessen gehen. [*Beiseite* .] Ich schwöre Ihnen, ich dachte, es würde sieben Jahre dauern, bis ich ihn wegbekomme.

[*Ab.*]

Dritte Szene. Der Wald

Geben Sie AMADINE *Sola ein.*

AMADINE.
Gott gewähre, dass meine lange Verzögerung keinen Schaden anrichtet, und dass mein Zögern auch nicht meinen Vorwand zunichte macht. Mein Mucedorus bleibt gewiss für mich und hält mich für zu lange. Endlich

komme ich, um mein gegenwärtiges Versprechen zu erfüllen. Ach, was für ein Ding ist feste, ungeheuchelte Liebe! Was ist es, was wahre Liebe nicht zu versuchen wagt? Mein Vater mag er machen, aber ich muss mithalten; Segasto liebt, aber Amadine muss Wie,Wo es ihr am besten gefällt: Zwang ist ein Sklave:Nein, nein, die herzhafte Wahl ist alles in allem,Die Tugend des Hirten, die Amadine schätzt.Aber was, ich glaube, mein Hirte ist nicht gekommen;Ich denke darüber nach, die Stunde ist sicher Hand. Nun, hier werde ich ruhen, bis Mucedorus kommt.

[*Sie setzt sich.*]

BREMO *tritt auf und schaut sich um. ergreift sie hastig.*

BREMO.
Eine glückliche Beute! Nun, Bremo, ernähre dich von Fleisch: Leckerbissen, Bremo, Leckerbissen, um deinen hungrigen Bauch zu füllen: Nun fülle deine gierigen Eingeweide mit lauwarmem Blut. Komm, kämpfe mit mir, ich sehne mich danach, dich tot zu sehen.

AMADINE:
Wie kann sie kämpfen, wenn sie keine Waffen führen kann?

BREMO:
Was, kannst du nicht kämpfen? Dann leg dich hin und stirb.

AMADINE.
Was, muss ich sterben?

BREMO.
Was braucht es denn für Worte? Mich dürstet es, dein Blut zu saugen.

AMADINE:
Doch hab Mitleid mit mir und lass mich noch eine Weile leben!

BREMO:
Kein Mitleid, ich werde mich von deinem Fleisch ernähren und deinen Körper Stück für Stück zerreißen.

AMADINE:
Ach, wie sehr wünsche ich mir die Gesellschaft meines Hirten!

BREMO.
Ich werde deine Knochen zwischen zwei Eichen zertreten.

AMADINE.
Eile, Hirte, beeile dich, sonst kommst du zu spät.

BREMO.
Ich werde die Süße aus deinen Markknochen saugen.

AMADINE.
Ach, ah, ah, ah, ah, um mein schuldloses Blut zu vergießen!

BREMO.
Mit diesem Schläger werde ich dir das Gehirn ausschlagen. Nieder, nieder,
sage ich, wirf dich auf den Boden.

AMADINE.
Dann, Mucedorus, lebe wohl, meine erhofften Freuden, lebe wohl! Ja, lebe
wohl, Leben, und begrüße den gegenwärtigen Tod!

[*Sie kniet nieder.*]

Dir, o Gott, übergebe ich meinen sterbenden Geist.

BREMO.
Jetzt, Bremo, spiele deine Rolle. Was für eine plötzliche Veränderung ist
das? Meine Glieder zittern und meine Sehnen zittern, meine geschwächten
Arme haben ihre frühere Kraft verloren. Ah, Bremo, Bremo, was für ein
Gegenstück hast du? Und doch hattest du zu keinem Zeitpunkt Angst, die
größten Götter herauszufordern, mit dir zu kämpfen,

[*Er schlägt zu.*]

Und jetzt braucht er Kraft für einen niederschmetternden Schlag?
Ach, wie schwindet mein Mut, wenn ich zuschlagen sollte! Ein neuer Geist
wohnt in meiner Brust, sagt: *Verschone sie, Bremo, verschone sie, töte nicht.*
Soll ich sie verschonen, die nie eine verschont hat? Dazu, Bremo, dazu;
Essay noch einmal. Ich kann meine Waffe nicht in meiner Hand führen, ich
denke, ich sollte eine so schöne nicht schlagen, ich denke, ihre Schönheit
hat meine Kraft verzaubert, oder sonst in mir hat sich der Lauf der Natur
verändert. Ja, Frau, willst du leben Ich bin mit mir durch den Wald?

AMADINE.
Gerne würde ich leben, doch ich lebe ungern im Wald.

BREMO.
Du sollst nicht wählen, es soll sein, wie ich sage, und deshalb folge mir!

[*Ausgehen.*]

SZENE IV. Das gleiche

Betreten Sie MUCEDORUS *solus.*

MUCEDORUS.
Es war mein Testament vor einer Stunde und mehr, ebenso wie mein
Versprechen, zurückzukehren; hindere seine Absicht. Was man sich
wünschen würde, ist am weitesten entfernt. Doch die festgelegte Zeit kann

nicht verstrichen sein, und ihre Anwesenheit hat mich noch nicht daran
gehindert. Nun, hier werde ich bleiben und ihr Kommen erwarten.

[Sie rufen innerlich: „Halte ihn, halte ihn, halte ihn!"]

Zweifellos wird der eine oder andere verfolgt,
vielleicht sucht jemand nach mir. Es ist gut, das Schlimmste zu befürchten,
deshalb werde ich gehen.

[Ausfahrt.]

SZENE V. Dasselbe

*Schrei im Inneren: „Haltet ihn, haltet ihn!"*MAUS, *der Clown, kommt mit
einem Topf herein.*

MAUS.
Halte ihn, halte ihn, halte ihn! Hier herrscht wirklich Aufsehen; Hier folgte
der Ruf dem Ausrufer, und ich wurde in die Nähe von Mutter Nips Haus
gesetzt, und dort rief ich nach drei Krügen Bier, wie es bei uns Höflingen
üblich ist. Nun, mein Herr, ich hatte von zweien die Jungfernköpfe
genommen – und als ich nun den dritten an meinen Mund hob, kam es:
„Halte ihn, halte ihn!" Jetzt konnte ich nicht sagen, wen ich fangen sollte,
aber ich bin mir sicher, dass ich einen gefangen habe, vielleicht ist einer in
diesem Topf. Nun, ich werde sehen. Masse, ich kann ihn noch nicht sehen;
Naja, ich schaue mal etwas weiter. Masse, er ist ein kleiner Sklave, wenn er
hier ist; Warum, hier ist niemand. Das alles geht noch gut; aber wenn die alte
Trabe ihren Topf holen sollte? – Ja, heiraten, das ist die Sache, aber es ist mir
egal, ich werde ihr gegenübertreten und sie altes, rostiges, staubiges,
muffiges, muffiges, verkrustetes Feuerbrand und Schlimmeres nennen all
das, und so stoße sie aus ihrem Topf. Aber weich! hier kommt sie.

Betreten Sie die ALTE FRAU .

ALTE FRAU.
Komm schon, du Schurke; Wo ist mein Topf, du Schurke?

MAUS.
Suchen Sie nach Ihrem Topf. Komm nicht wegen deines Topfes zu mir, es
wäre gut für dich.

ALTE FRAU.
Du lügst, du Schurke, du hast meinen Topf.

MAUS.
Du lügst, und du sagst es. Ich – dein Topf? Ich weiß, was ich sagen werde.

ALTE FRAU.
Warum, was willst du sagen?

MAUS.
Aber sagen Sie, ich habe ihn, und Sie wagen es.

ALTE FRAU.
Nun, du Schurke, du hast nicht nur meinen Topf, sondern auch mein
Getränk unbezahlt.

MAUS.
Du lügst wie eine alte – ich sage nicht Hure.

ALTE FRAU.
Nennst du mich Hure? Ich gebe dir die Obergrenze für meinen Topf.

MAUS.
Bedecke mich, und du wagst es; Durchsuche mich, ob ich es habe oder nicht.

[*Sie durchsucht ihn, und er trinkt über ihren Kopf und wirft den Topf hin; sie
stolpert darüber, dann fallen sie an den Ohren zusammen; Sie nimmt ihren Topf und
geht hinaus.*]

Betreten Sie SEGASTO .

SEGASTO.
Wie nun, Sirrah, was ist los?

MAUS.
Oh, Fliegen, Meister, Fliegen.

SEGASTO.
Fliegen? Wo sind sie?

MAUS.
Oh hier, Meister, alles rund um Ihr Gesicht.

SEGASTO.
Warum lügst du? Ich glaube, du bist verrückt.

MAUS.
Nun, Herr, ich habe mindestens einen Mistkarren voll getötet.

SEGASTO.
Geh zu, Sirrah; Lassen Sie dieses müßige Gerede hinter sich und hören Sie
mir zu.

MAUS.
Wie, gib dir eines meiner Ohren? nicht, und du warst zehn Meister.

SEGASTO.
Nun, Sir, ich habe Sie gebeten, meinen Worten Gehör zu schenken.

MAUS.

Ich sage Ihnen, ich werde nicht zum Vergnügen von niemandem zu einem Knecht gemacht werden.

SEGASTO.

Ich sage dir, achte darauf, was ich sage. Gehe geradeaus und erhebe die ganze Stadt.

MAUS.

Wie, die Stadt errichten? Gehen Sie sogar selbst; Es ist mehr, als ich tun kann. Glaubst du, ich kann eine Stadt errichten, die kaum einen Topf Bier an meinen Kopf bringen kann? Ich sollte eine Stadt gründen, nicht wahr?

SEGASTO.

Gehen Sie zum Polizisten und führen Sie eine Geheimdurchsuchung durch. denn der Hirte ist mit der Königstochter davongelaufen.

MAUS.

Wie? Ist der Hirte mit der Königstochter davongelaufen, oder ist die Königstochter mit dem Hirten davongelaufen?

SEGASTO.

Ich kann es nicht sagen, aber beide sind zusammen verschwunden.

MAUS.

Was für ein Narr ist sie, mit dem Hirten davonzulaufen! Nun, ich glaube, ich bin ein etwas schönerer Mann als der Hirte selbst; Aber sagen Sie mir, Herr, muss ich eine Durchsuchung im Abort machen oder im Abort suchen?

SEGASTO.

Warum glaubst du, dass sie dort sein werden?

MAUS.

Ich kann es nicht sagen.

SEGASTO.

Dann suchen Sie überall; Lasst keinen Ort unversucht für sie.

[Ausfahrt.]

MAUS.

Oh, jetzt bin ich im Amt, jetzt gehe ich zum Haus dieses alten Hetzers und werde keinen Ort undurchsucht lassen. Nein, ich werde zu ihr Bier stehen und trinken, solange ich es aushalten kann; und wenn ich fertig bin, werde ich den Rest rauslassen, um zu sehen, ob er nicht im Fass versteckt ist; und wenn ich ihn dort nicht finde, gehe ich zum Schrank; Ich werde keine Ecke ihres Hauses undurchsucht lassen. Ich glaube, du alte Kruste, ich werde jetzt bei dir sein.

[*Ausfahrt.*]

Akt IV

SZENE I. Valencia. Das Gericht

Klangmusik. Der König von Valencia, Anselmo, Roderigo,
Lord Borachius *und andere treten auf.*

KÖNIG VON VALENCIA.
Genug der Musik, sie steigert nur die Qual. Freuden für verärgerte Geister
sind wie Termine für einen kränklichen Mann, die eher lächerlich als
tröstend sind. Ich bitte Sie, nicht mehr zu wiederholen.

RODERIGO.
Lassen Sie Ihre Fäden schlafen, haben Sie es geschafft.

[*Die Musik verstummt.*]

KÖNIG VON VALENCIA.
Heiterkeit für eine gestörte Seele sind verglühte Glutn, die plötzlich vor
Belästigung aufleuchten, dafür aber eher ihr Licht verlieren. Das ist Gold,
das einem Randalierer geschenkt wird, der ihn nicht erleichtert, sondern
ermordet; eine Droge, die den Gesunden gegeben wird und die infiziert,
nicht heilt. Wie kann ein Vater, der seinen Sohn verloren hat, ein
tugendhafter, weiser und tapferer Prinz, Freude an den müßigen Taten der
Zeit haben? Nein, nein; Bis Mucedorus werde ich wieder sehen: Alle
Freude ist trostlos, alles Vergnügen Schmerz.

ANSELMO.
Eurem Sohn, Mylord, geht es gut.

KÖNIG VON VALENCIA.
Ich bitte Sie, sagen Sie das zweimal.

ANSELMO.
Der Prinz, Ihr Sohn, ist in Sicherheit.

KÖNIG VON VALENCIA.
Oh wo, Anselmo? Übertreibe mich damit!

ANSELMO.
In Aragon, meinem Lehnsherrn, und bei seinem Abschied verpflichtete ich
mich zur Verschwiegenheit, durch den Verlust seiner Zuneigung, es nicht
preiszugeben.
Aber wenn du dich um ihn kümmerst und Mitleid mit deinem Alter hast,
lässt meine Zunge ausplaudern, was meine Brust gelobt hat:
Verheimlichung.

KÖNIG VON VALENCIA.
Du täuschst mich nicht. Ich habe immer darüber nachgedacht, was ich jetzt

in dir vorfinde, einen aufrechten, loyalen Mann. Aber welches Verlangen
oder welcher jugendliche Humor, der in seinem Gehirn wuchs, zog ihn so
privat nach Aragon?

ANSELMO.
Ein zwingender Hartnäckiger: Liebe, gemischt mit Angst und zweifelhafter
Eifersucht, Ob der Bericht einen wertlosen Koffer vergoldete, Oder
Amadine ihre hohe Lobpreisung verdiente.

KÖNIG VON VALENCIA.
Siehe, unsere Versorgung ist bereit. Sammle uns Anhänger der schönsten
Farbe für unsere obersten Wächter; Wir werden dorthin gehen. Das
kristallene Auge des Himmels wird nicht dreimal zwinkern, noch wird die
grüne Flut sechsmal seine Schultern drehen, bis wir den aragonischen
König grüßen. Musik, sprich jetzt laut, die Jahreszeit ist passend, denn
frühere Schmerzen sind in Vergnügen gehüllt.

[*Musik. Exeunt omnes.*]

SZENE II. Der Wald

Tritt MUCEDORUS EIN, *um sich zu verkleiden.*

MUCEDORUS.
Nun, Mucedorus, wohin willst du gehen? Nach Hause zu deinem Vater, in
deinen Heimatboden, oder versuchst du es mit einem längeren Aufenthalt
in diesen Wäldern? Das kann nicht sein; In Amadine ruht meine
Glückseligkeit. Dann, Mucedorus, tue, was du befohlen hast, Kleide dich
wie ein Einsiedler in diesen Hainen; Gehe oft zur Buche und sieh dir den
Brunnen an; Mache dich dort nieder und setze dich darauf, Und Wenn du
Durst hast, dann trink Amadine einen kräftigen Schluck. Zweifellos denkt
sie an dich
und wird dich eines Tages an diesem Brunnen verpfänden.
Komm, Gewohnheit, du bist für mich geeignet.

[*Er verkleidet sich.*]

Kein Hirte mehr, ich muss ein Einsiedler sein.
Ich denke, das passt sehr gut zu mir. Jetzt muss ich lernen, einen Gehstock
zu tragen und dabei etwas Schwerkraft zu üben.

Betreten Sie den CLOWN .

MAUS.
Hier geht es durch den Wald und durch den Wald, um einen Hirten und eine
streunende Königstochter zu beobachten. Aber weich! Wen haben wir hier?
Was bist du?

MUCEDORUS.
Ich bin ein Einsiedler.

MAUS.
Ein Emmet, ich habe in meinem ganzen Leben noch nie einen so großen
Emmet gesehen.

MUCEDORUS.
Ich sage Ihnen, Sir, ich bin ein Einsiedler: einer, der ein einsames Leben in
diesen Wäldern führt.

MAUS.
Oh, ich kenne dich jetzt, du bist der, der alle Hüften und Hagebutten
auffrisst; Wir könnten dieses Jahr nicht ein Stück fetten Speck für dich haben.

MUCEDORUS.
Du verwechselst mich, aber ich bitte dich, sag mir, was suchst du in diesen
Wäldern?

MAUS.
Was suche ich? Eine streunende Königstochter läuft mit einem Hirten
davon.

MUCEDORUS.
Eine streunende Königstochter rennt mit einem Hirten davon? Warum?
Kannst du es sagen?

MAUS.
Ja, das kann ich; Das ist es. Mein Herr und Amadine gingen eines Tages im
Ausland spazieren, näher an diese Wälder, als sie früher genutzt wurden,
worüber ich nichts sagen kann; Aber ein großer Bär kommt auf sie
zugerannt. Nun, mein Herr, er spielte den Mann und rannte davon, und
Amadine weinte hinter ihm her: Nun, Herr, kommt mir ein Hirte und schlägt
dem Bären den Kopf ab. Ob der Bär vorher tot war oder nicht, kann ich
nicht sagen; Denn führe zwanzig Bären vor mich und fessele ihre Hände und
Füße, und ich werde sie alle töten. Seitdem ist Amadine in den Hirten verliebt
und aus gutem Willen ist sie sogar mit dem Hirten davongelaufen.

MUCEDORUS:
Was für ein Mann war er? Kannst du ihn mir beschreiben?

MAUS.
Ihn aufschreiben? Ja, das kann ich, das versichere ich Ihnen. Er war ein
kleiner, niedriger, breiter, hoher, schmaler, stattlicher Kerl, ein Wams aus
weißem Stoff und Knöpfe aus demselben Stoff.

MUCEDORUS:

Du beschreibst ihn gut; aber wenn ich zufällig einen solchen sehe, wo werde ich dich finden, oder wie heißt du?

MAUS.

Mein Name ist Meister Maus.

MUCEDORUS:

O Herr Maus, ich bitte Euch, welches Amt könntet Ihr am Hof übernehmen?

MAUS: Meine

Güte, Sir, ich bin ein Stallbursche.

MUCEDORUS:

Oh, Tischdiener.

MAUS.

Nein, ich sage Rusher, und ich werde mein Amt als gut beweisen; Denn sehen Sie, Sir, wenn etwas aus dem Meer oder so kommt und ein Hund Gelegenheit hat, sich die Nase nach hinten zu putzen, dann gebe ich ihm mit einer Peitsche die schöne Zeit des Tages, und der Strohhalm rauscht sofort. Deshalb bin ich ein Rusher, ein hoher Beamter, das verspreche ich euch.

MUCEDORUS.

Aber wo finde ich Sie im Gerichtssaal?

MAUS.

Warum, wo es am besten ist, entweder in der Küche beim Essen oder beim Buttertrinken. Aber wenn du kommst, werde ich dir ein Stück Rindfleisch geben und es bis zum Knöchel in Fett brauen; Bitte, geben Sie sich Mühe, denken Sie an Meister Maus.

[*Ausfahrt.*]

MUCEDORUS.

Ja, Sir, ich garantiere, dass ich Sie nicht vergessen werde. Ah, Amadine! Was soll aus dir werden? Wohin sollst du so lange unbekannt gehen? Mit Wache und Schutz ist jeder Durchgang belagert, sodass sie nicht lange dem Unbekannten entkommen kann.
Zweifellos hat sie sich in diesen Wäldern verirrt
und wandert hin und her und sucht den Brunnen, den sie jedoch nicht finden kann. deshalb werde ich sie aufsuchen.

[*Ausfahrt.*]

SZENE III. Das gleiche

BREMO *und* AMADINE *treten auf*.

BREMO.
Amadine, wie gefallen dir Bremo und seine Wälder?

AMADINE.
Wie die Wälder von Bremos Grausamkeit. Obwohl ich stumm war und
ihm nicht antworten konnte, würden die Tiere selbst mit nachlassenden
Tränen deine grausamen und unmenschlichen Taten beklagen.

BREMO.
Meine Liebe, warum murmelst du? Sprich lauter, denn dein Bremo hört
dich nicht.

AMADINE.
Mein Bremo? Nein, der Hirte ist meine Liebe.

BREMO.
Habe ich dich nicht vor dem plötzlichen Tod gerettet und dir die Erlaubnis
zum Leben gegeben, damit du lieben kannst, und hast du mich nicht zur
Grausamkeit angestiftet? Komm, küsse mich, Süße, für all meine
vergangenen Gunstbezeigungen.

AMADINE.
Vielleicht nicht, Bremo, und deshalb verzeihen Sie mir.

BREMO.
Schau, wie sie von mir wegfliegt! Ich werde ihr folgen und auf sie achten.
Verleugne meine Liebe![*Beiseite* .] Ach, Wurm der Schönheit, ich werde
dich züchtigen!
Komm, komm, bereite deinen Kopf auf den Block vor.

AMADINE.
Oh, verschone mich, Bremo, die Liebe sollte das Leben begrenzen, um
nicht zum Selbstmörder zu werden. Wenn du dein liebendes Herz mit Blut
überfluten willst, begegne dem Löwen oder dem Bären und jage nicht wie
ein Wolf ein Lamm.

BREMO.
Warum bereust du mich dann? Wenn du mich liebst, wirst du meine
Königin sein. Ich werde dich mit einem Kranz aus Efeu krönen und die
Rose und die Lilie auf dich warten lassen. Ich werde die kräftigen Zweige
zerreißen von der Eiche, um dich vor der brennenden Sonne zu
beschatten. Die Bäume werden sich ausbreiten, wohin du gehst, und
während sie sich ausbreiten, werde ich mit dir gehen.

AMADINE.
[*Beiseite* .] Du darfst, für wen außer dir?

BREMO.
Du sollst mit Wachteln und Rebhühnern gefüttert werden, mit Amseln,
Drosseln, Lerchen und Nachtigallen. Dein Getränk soll Ziegenmilch und
kristallklares Wasser sein, destilliert aus den Brunnen und den klarsten
Quellen, und alle Köstlichkeiten, die der Wald bietet. Ich werde dir
umsonst geben, deine Liebe zu erlangen.

AMADINE.
[*Beiseite* .] Du darfst, für wen außer dir?

BREMO.
Den Tag werde ich damit verbringen, meine Liebe wiederherzustellen, mit
all den Freuden, die ich mir vorstellen kann, und in der Nacht werde ich
dein Bettgenosse sein und dich liebevoll in meinen Armen umarmen.

AMADINE.
[*Beiseite* .] Man mag es, Sie vielleicht auch nicht.

BREMO.
Die Satyrn und die Waldnymphen werden sich um dich kümmern und dich
mit den Klängen der Musik in den Schlaf wiegen, und am Morgen, wenn
du aufwachst, wird die Lerche meiner Königin einen guten Morgen singen,
und während er singt, werde ich meine Amadine küssen .

AMADINE.
[*Beiseite* .] Du darfst, für wen außer dir?

BREMO.
Wenn du oben bist, werden die Waldwege mit Veilchen, Schlüsselblumen
und süßen Ringelblumen übersät sein, damit du herumtrampeln und darauf
treten kannst;
Und ich werde dich lehren, wie man das Reh tötet,
wie man den Hirsch jagt und wie man das Reh weckt, wenn du leben willst,
um mich zu lieben und zu ehren.

AMADINE.
[*Beiseite* .] Du darfst, für wen außer dir?

Auftritt MUCEDORUS .

BREMO.
Willkommen, Sir! Vor einer Stunde habe ich nach einem solchen Gast
gesucht. Seien Sie fröhlich, Mädchen, wir werden ein ausgelassenes Fest
feiern. Hier ist genug Fleisch, um uns beiden zu genügen. Bleiben Sie, Herr,
wollen Sie kämpfen, oder geben Sie nach? sterben?

MUCEDORUS.
Ich will eine Waffe, wie kann ich kämpfen?

BREMO.
Du willst eine Waffe, dann gibst du nach, um zu sterben.

MUCEDORUS.
Ich sage nicht, ich gebe dem Tod nicht nach.

BREMO.
Du sollst nicht wählen. Ich sehne mich danach, dich tot zu sehen.

AMADINE.
Doch verschone ihn, Bremo, verschone ihn.

BREMO.
Weg, sage ich, ich werde ihn nicht verschonen.

MUCEDORUS.
Doch gebt mir doch die Erlaubnis zu sprechen.

BREMO.
Du sollst nicht sprechen.

AMADINE.
Doch gib ihm die Erlaubnis, um meinetwillen zu sprechen.

BREMO.
Sprechen Sie weiter, aber seien Sie nicht zu lang.

MUCEDORUS.
In früheren Zeiten, als Menschen wie brutale Tiere ihr Leben in
abscheulichen Zellen und Wäldern führten und sich ganz dem geistlosen
Willen hingaben,
eine grobe, widerspenstige Flucht, dann wurde ein Mensch nach dem
anderen
zur gegenwärtigen Beute und konnte sich dann durchsetzen, und der
Schwächste ging an die Wand .Recht war unbekannt, denn alles in allem
war Unrecht. Als die Menschen so in dieser großen Schandtat lebten, siehe,
kam ein Orpheus, wie Dichter erzählen, und brachte sie aus der
Unhöflichkeit zur Vernunft, der von der Vernunft geführt wurde, und bald
den Wald verließ Aus Höhlen bauten sie ihnen starke Burgen. Damals
wurden von ihnen Städte und Gemeinden gegründet. Sie waren froh, dass
sie so viel Ruhe fanden, und am Ende wuchsen sie zu vollkommener
Freundschaft. Sie wogen ihre frühere Bosheit ab und bezeichneten die Zeit,
in der sie sich befanden Sie lebten damals. Ein goldenes Zeitalter, ein
schönes goldenes Zeitalter. Nun, Bremo, denn so höre ich dich nennen,
wenn Männer, die früher gelebt haben, wie du es jetzt tust, wild in den
Wäldern, alle beutesüchtig, durch die Mittel des würdigen Orpheus
zurückgekehrt wären „Lass mich wie Orpheus dafür sorgen, dass du von
Mord, Blutvergießen und ähnlicher Grausamkeit zurückkehrst. Was, sollen

wir kämpfen, bevor wir einen Grund haben? Nein, lass uns treu zusammenleben und lieben. Ich werde für dich kämpfen –"

BREMO.
Oder kämpfe für mich oder stirb: oder kämpfe, sonst stirbst du!

AMADINE.
Warte, Bremo, warte!

BREMO.
Weg, sage ich, du beunruhigst mich.

AMADINE.
Du hast mir versprochen, mich zu deiner Königin zu machen.

BREMO.
Ich habe es getan, ich meine nicht weniger.

AMADINE.
Du hast versprochen, dass ich mein Testament haben sollte.

BREMO.
Ich habe es getan, ich meine nicht weniger.

AMADINE.
Dann rette das Leben dieses Einsiedlers, denn vielleicht rettet er uns beide.

BREMO.
Auf deinen Wunsch werde ich ihn verschonen, aber niemals einen nach ihm. Sag, Einsiedler: Was kannst du tun?

MUCEDORUS.
Ich werde auf dich warten, irgendwann auf die Königin. [*Beiseite* .] Einen solchen Dienst wirst du bald haben; wie Bremo es nie getan hat.

[*Ausgehen.*]

SZENE IV. Das Gericht

SEGASTO, *der* CLOWN *und* RUMBALO *treten auf* .

SEGASTO.
Kommen Sie, meine Herren; Was, soll ich nie zulassen, dass du Amadine und den Hirten erfährst?

MAUS.
Ich bin durch den Wald und durch den Wald gegangen und konnte nichts außer einem Emet sehen.

RUMBELO.
Ich sehe tausend Emets. Du meinst ein Kleines?

MAUS.
Nein, dieser Emet, den ich sah, war größer als du.

RUMBELO.
Größer als ich? [*Zu Segasto* .] Was für ein Idiot bist du von deinem Mann!
Ich bitte Sie, Meister, weisen Sie ihn ab.

SEGASTO.
Aber hörst du, war er nicht ein Mann?

MAUS.
Das glaube ich, denn er sagte, er habe das Leben eines Salzhändlers im Wald
geführt.

SEGASTO.
Du würdest sagen, ein einsames Leben im Wald?

MAUS.
Ich glaube, dass es tatsächlich so war.

RUMBELO.
Ich dachte, was für ein Idiot du bist.

MAUS.
Du bist ein weiser Mann! [*Zu Segasto* .] Seit er gegangen ist, hat er nur
geschlafen.

SEGASTO.
Aber sag mir, Maus, wie ist es ihm ergangen?

MAUS.
In einem weißen Kleid und einem weißen Hut auf dem Kopf und einem Stab
in der Hand.

SEGASTO.
Ich dachte auch; Es war ein Einsiedler, der ein einsames Leben im Wald
führte. Nun, ich bringe dich zum Abendessen. und gebt danach niemals die
Suche auf, bis ihr mir Neuigkeiten von ihnen bringt, oder ich werde euch
beide hängen.

[*Ausfahrt.*]

MAUS.
Wie nun, Rumbalo, was sollen wir jetzt tun?

RUMBELO.
Faith, ich gehe zum Abendessen nach Hause und danach zum Schlafen.

MAUS.
Warum wirst du dann gehängt?

RUMBELO.
Glaube, das ist mir egal, denn ich weiß, dass ich sie nie finden werde. Nun, ich werde noch einmal ins Ausland gehen, und wenn ich sie nicht finde, werde ich nie wieder nach Hause kommen.

MAUS.
Ich sage dir was, Rumbalo; Du sollst an einem Ende des Waldes hineingehen und ich an dem anderen, und wir werden beide zusammen in der Mitte treffen.

RUMBELO.
Zufrieden, gehen wir zum Abendessen.

[Ausgehen.]

Akt V

SZENE I. Der Wald

Betreten Sie MUCEDORUS *solus.*

MUCEDORUS.
Niemand hier in diesen Wäldern weiß: Mit dem verdammten Bremo führe
ich mein Leben. Das Monster! Er ermordet alles, was ihm begegnet. Er
verschont niemanden, und niemand entkommt ihm. Wer würde
weitermachen – wer, außer nur ich – in der Gesellschaft eines so
grausamen Halsabschneiders? Doch Amadine ist da, wie kann ich mich
entscheiden? Ah, du dumme Seele ! Wie oft sitzt sie und seufzt und ruft:
Komm, Hirte, komm,
süßer Mucedorus, komm und befreie mich,
wenn Mucedorus anwesend ist, steht sie bei! Aber hier kommt sie.

Auftritt AMADINE .

Was gibt es Neues, schöne Dame, wenn Sie durch diesen Wald gehen?

AMADINE.
Ah, Einsiedler! niemand außer Bösem und solchen, die du kennst.

MUCEDORUS.
Wie gefällt dir dein Bremo und seine Wälder?

AMADINE.
Oh, nicht mein Bremo, noch die Wälder meines Bremo.

MUCEDORUS.
Und warum nicht Ihres? Ich glaube, er liebt dich sehr.

AMADINE.
Ich mag ihn nicht, seine Liebe ist mir nichts wert.

MUCEDORUS.
Meine Dame, ich glaube, Sie bieten hier Unrecht an, den Mann zu hassen,
der Sie am meisten liebt.

AMADINE.
Einsiedler, ich habe keine Freude an seiner Liebe, und Bremo mag mich
auch nicht am liebsten.

MUCEDORUS.
Verzeihen Sie meine Kühnheit, schöne Dame, denn wir beide
können jetzt getrost außerhalb von Bremos Sichtweite reden.
Entfalten Sie mir, wenn es Ihnen gefällt, den vollständigen Diskurs

darüber, wie, wann und warum Sie in diese Wälder kamen und in die
Hände dieses blutigen Schlächters fielen.

AMADINE.
Einsiedler, das werde ich; In letzter Zeit war ich ein würdiger Hirte, den ich
liebte –

MUCEDORUS.
Ein Hirte, Dame? Sicher, ein Mann, der nicht in der Lage ist, mit Ihnen
mitzuhalten!

AMADINE.
Ja, Einsiedler, das ist wahr, und als wir hatten –

MUCEDORUS.
Bleiben Sie dort, der wilde Mann kommt; den Rest verschieben Sie auf ein
anderes Mal.

    Betreten Sie BREMO .

BREMO.
Welche geheime Geschichte ist das? Was für ein Flüstern haben wir hier?
Bösewicht, ich fordere dich auf, deine Geschichte noch einmal zu erzählen.

MUCEDORUS.
Wenn es sein muss, muss ich, siehe da! Hier ist es wieder: Als wir beide
dich aus den Augen verloren hatten, schmerzte es uns beide, besonders
aber deine Königin, die in deiner Abwesenheit immer das Schlimmste
fürchtet, damit deiner königlichen Gnade kein Unglück widerfahre. Soll
mein süßer Bremo durchwandern? Die Wälder, die sich hin und her quälen,
um meine Bedürfnisse zu befriedigen, sein Leben und alles aufs Spiel
setzen, um mich zu schätzen? „Das gefällt mir nicht“, sagte sie, und wollte
daraufhin von mir wissen, ob ich ihr den guten Umgang mit Waffen
beibringen könnte. Meine Güte Die Antwort war: Ich hatte darin wenig
Geschick, aber ich war froh, allmächtiger König, von dir zu erfahren. Und
das war alles.

BREMO.
War das nicht so? Das kann niemandem missfallen. Ich werde euch beiden
das Kämpfen beibringen; Aber zuerst, meine Königin, beginne: Hier, nimm
diese Waffe; Sehen Sie, wie Sie es nutzen können.

AMADINE.
Das ist zu groß, ich kann es nicht in meinem Arm tragen.

BREMO.
Ist das nicht so? Wir werden einen knorrigen Krabbenbaumstab für dich
haben. [*Zu Mucedorus* .] Aber, Herr, sag mir, was sagst du?

MUCEDORUS.
Ich bin von ganzem Herzen bereit zu lernen.

BREMO.
Dann nimm meinen Stab und schau, wie du damit umgehen kannst.

MUCEDORUS.
Bring mir zuerst bei, wie man es in der Hand hält.

[*Nimmt den Stab.*]

BREMO.
Du hältst es gut. [*Zu Amadine* .] Schau, wie er es macht, du wirst es
vielleicht eher lernen.

MUCEDORUS.
Sagen Sie mir als Nächstes, wie und wann es am besten ist, zuzuschlagen.

BREMO
[*Beiseite* .] Es ist am besten, zuzuschlagen, wenn die Zeit es verlangt.
Es ist am besten, keine Zeit zu verlieren.

MUCEDORUS:
[*Beiseite* .] Dann ist jetzt oder nie meine Zeit zuzuschlagen.

BREMO:
Und wenn du zuschlägst, achte darauf, dass du den Kopf triffst.

MUCEDORUS:
Der Kopf?

BREMO:
Der Kopf selbst.

MUCEDORUS:
Dann nimm es zu Dir.

[*Er schlägt ihn tot nieder.*]

Also, bleib liegen und stirb;
Ein Tod, der deiner Verdienst entspricht, oder ein schlimmerer, da du
einen schlimmeren verdienst.

AMADINE:
Es erfreut mein Herz, den Tod dieses Tyrannen zu sehen.

MUCEDORUS.
Nun, Dame, bleibt es in dir, die Geschichte zu beenden, die du kürzlich
begonnen hast, von diesem bösen Unhold unterbrochen zu werden – Du
hast gesagt, du liebst einen Hirten?

AMADINE.
Ja, das tue ich, und niemand außer ihm allein; und ich werde es auch
weiterhin tun, solange das Leben dauert.

MUCEDORUS.
Aber sag mir, Lady, ich befreie dich: Welchen Lebensweg hast du vor?

AMADINE.
Ich werde verkleidet durch die Welt wandern, bis ich ihn gefunden habe.

MUCEDORUS.
Wie, wenn Sie Ihren Hirten in diesen Wäldern finden?

AMADINE.
Ah, niemand war so glücklich wie Amadine.

MUCEDORUS.
Im Laufe der Zeit kann sich ein Mann sehr verändern: Sagen Sie, Frau,
kennen Sie Ihren Hirten gut?

[*Er offenbart sich.*]

AMADINE.
Mein Mucedorus, hat er mich befreit?

MUCEDORUS.
Er hat dich befreit.

AMADINE.
Und so lange ohne Amadine gelebt?

MUCEDORUS.
Ja, das ist eine Frage, die du vielleicht nicht lösen kannst. Du weißt, dass ich
vom Gericht verbannt bin, ich weiß, dass auch jeder Durchgang bedrängt
ist, sodass wir nicht lange dem Unbekannten entkommen können. Deshalb
ist es mein Wille, dass wir zurückkehren Direkt durch das Dickicht, zur
Höhle des wilden Mannes,
und dort eine Weile von der Versorgung leben,
bis die Suche und die enge Wache vorüber sind. Das ist mein Rat, und ich
halte ihn für den besten.

AMADINE.
Ich denke genau das Gleiche.

MUCEDORUS.
Komm, lass uns gehen.

Es tritt der CLOWN AUF, *der den wilden Mann sucht, überfällt und ihn so
mitreißt.*

MAUS.
Nein, leise, Sir, sind Sie hier? Ein Bots auf dich! Es war, als ob ich gehängt
würde, weil ich dich nicht gefunden hatte; wir würden uns eine bestimmte
verirrte Königstochter von dir ausleihen; eine Dirne, eine Dirne, mein Herr,
das hätten wir.

MUCEDORUS.
Eine Dirne von mir? Ich werde dich mein Schwert essen lassen.

MAUS.
Oh Herr, nein, und du bist so lustvoll, ich werde eine Kühlkarte für dich
rufen. Ho, Meister, Meister, komm schnell weg!

Betreten Sie SEGASTO .

SEGASTO.
Was ist los?

MAUS.
Schau, Meister, Amadine und der Hirte! O mutig!

SEGASTO.
Was, Günstling, habe ich dich herausgefunden?

MAUS.
Nein, das ist eine Lüge, ich habe sie selbst herausgefunden.

SEGASTO.
Du glückliche Ehefrau, welchen Grund hattest du, ins Ausland zu gehen,
wenn du doch weißt, dass unser Hochzeitstag so nahe ist?

AMADINE.
Nicht so, Segasto; nichts dergleichen in der Hand. Zeigen Sie Ihre
Gewissheit, dann werde ich Ihnen antworten.

SEGASTO.
Das Versprechen deines Vaters ist meine Zusicherung.

AMADINE.
Aber was er versprochen hat, hat er nicht gehalten.

SEGASTO.
Es liegt an dir, dasselbe zu tun.

AMADINE.
Nicht ich.

SEGASTO.
Und warum?

AMADINE.
So ist mein Wille, und deshalb auch so.

MAUS.
Meister, mit einem Nonny, Nonny, nein!

SEGASTO.
Ah, böser Bösewicht! Bist du hier?

MUCEDORUS.
Was braucht diese Worte? Wir wiegen sie nicht.

SEGASTO.
Wir wiegen sie nicht! stolzer Hirte, ich verachte deine Gesellschaft.

MAUS.
Wir werden keinen Teil deiner Gesellschaft haben.

MUCEDORUS.
Ich verachte dich nicht, auch nicht den Geringsten von dir.

MAUS.
Das ist eine Lüge, er hätte mich mit seinem Pugsnando umgebracht.

SEGASTO.
Diese Beleibtheit, Amadine, befriedigt mich nicht.

AMADINE.
Dann suchen Sie sich einen anderen, der Ihnen vielleicht besser gefällt.

MUCEDORUS.
Nun, Amadine, es liegt nur an dir, ohne Verzögerung deine Wahl unter drei
zu treffen: Da steht Segasto, hier steht ein Hirte, da steht der Dritte: Jetzt
triff deine Wahl.

MAUS.
Zumindest bin ich ein Lord.

AMADINE.
Meine Wahl ist getroffen, denn ich will niemanden außer dir.

SEGASTO.
Zweifellos ein würdiger Partner für eine solche Frau.

MUCEDORUS.
Und, Amadine, warum willst du niemanden außer mir? Ich kann nicht für
dich sorgen, wie es dein Vater getan hat. Ich habe kein Land, um deinen
Staat aufrechtzuerhalten. Und wenn du meine Frau werden willst, muss das
normalerweise dein Zweck sein: Um Mitternacht ins Bett zu gehen , um
vier Uhr aufstehen, Den ganzen Tag plagen und von Ort zu Ort stapfen,

Wobei unsere täglichen Lebensmittel zu gewinnen sind: Und zuletzt, was
das Schlimmste von allen ist, Dann keine Prinzessin, sondern einfach eine
Hirtenfrau.

MAUS.
[*Beiseite* .] Dann schenke dir Gott einen guten Morgen, guter Hirte!

AMADINE.
Es wird nicht nötig sein; Wenn Amadine am Leben bleibt, wirst du zum
König von Aragon gekrönt.

MAUS.
O Meister, lache; Wenn er König ist, werde ich eine Königin sein.

MUCEDORUS.
Dann wisse, was noch nie zuvor bekannt war: Ich bin kein Hirte, ich bin
kein Aragonier, sondern aus königlichem Blut geboren: Mein Vater ist der
König von Valencia, meine Mutter Königin; die um deinetwillen diese
schwere Aufgabe in die Hand genommen hat.

AMADINE.
Ach, wie ich mich freue, dass mein Glück so gut ist!

SEGASTO.
Nun, jetzt sehe ich, dass Segasto nicht eilen wird. Aber, Mucedorus, ich
freue mich genauso sehr, dich hier an unserem Hof von Aragon zu sehen,
als ob mir dieses Mal ein Königreich widerfahren wäre. Ich übergebe es dir
mit meinem Herzen.

[*Er gibt sie ihm.*]

Und ich verliere mein Recht auf Amadine.

MAUS.
[*Beiseite* .] Was, ein Scheunentor und dort geboren, wo mein Vater Polizist
war? Ein Bots auf dich, wie geht es dir?

MUCEDORUS.
Danke, guter Segasto; aber dennoch hast du die Krone erreicht.

MAUS.
Meister, ertrage dies und ertrage alles.

SEGASTO.
Warum so, Herr?

MAUS.
Er sagt, man packt eine Gans am Scheitel.

SEGASTO.
Weg, gehen Sie, Herr; Poste dich zum König, dessen Herz von sorgfältigen Zweifeln erfüllt ist, erfreue ihn und verkünde ihm diese gute Nachricht, und wir werden ihm folgen, so schnell wir können.

MAUS.
Ich gehe, Meister; Ich renne, Meister.

[Verschwindet einzeln.]

SZENE II. Offener Platz in der Nähe des Hofes des Königs von Aragon

Betreten Sie den KÖNIG VON ARAGON und COLLEN .

KÖNIG VON ARAGON.
Brich mein Herz und beende meine bleichen Leiden! Meine Amadine, der Trost meines Lebens. Wie könnte ich mich freuen, wenn sie nicht in Sicht wäre? Ihre Abwesenheit bringt Kummer in meine Seele und ein Donner bricht mein Herz in zwei Teile.

COLLEN.
Verzichte auf diese Leidenschaften, sanfter König, und du wirst sehen, wie sie sich zum Besten wenden und deine Seele zur Ruhe und zur Freude bringen.

KÖNIG VON ARAGON.
Solche Freude wie der Tod, das versichere ich mir, und nichts als der Tod, es sei denn, ich höre von ihr, und das mit Eile; Ich kann nicht so lange seufzen – Aber was für einen Aufruhr höre ich in mir?

[Sie schreien innerlich: „Freude und Glück.“]

COLLEN.
Ich höre einen Lärm übertriebener Freude im Gerichtssaal. Mein Herr, seien Sie getröstet, und hier kommt einer in Eile.

Betreten Sie den rennenden CLOWN .

MAUS.
Ein König, ein König, ein König!

COLLEN.
Warum, wie jetzt, Sirrah? Was ist los?

MAUS.
Oh, das ist eine Neuigkeit für einen König, es ist Geld wert.

COLLEN.
Ja, mein Herr, du sollst Silber und Gold haben, wenn es gut ist.

MAUS.
O, es ist gut, es ist gut. Amadine—

KÖNIG VON ARAGON.
Oh, was ist mit ihr? Sag es mir, und ich werde dich zum Ritter machen.

MAUS.
Wie ein Sprite? Nein, meine Dame, ich werde kein Kobold sein, Meister.
Geht weg, wenn ich ein Kobold wäre, werde ich so dürr sein, dass ich euch
alle in Angst und Schrecken versetzen werde.

COLLEN.
Du bist der König, der dich zu einem Gentleman machen will.

MAUS.
Nun, ich werde 'parel' wollen.

KÖNIG VON ARAGON.
Dir soll es an nichts fehlen.

MAUS.
Dann halte dich zurück, täusche dich selbst, hier kommen sie.

SEGASTO, MUCEDORUS *und* AMADINE *treten auf*.

AMADINE.
Mein dankbarer Vater, vergib deiner untreuen Tochter.

KÖNIG VON ARAGON.
Was, sehen meine Augen meine Tochter Amadine? Steh auf, liebe Tochter,
und lass diese meine umarmenden Arme dir ein Zeichen der Freude deines
Vaters zeigen, der seit deinem Weggang in Trauer schmachtete.

AMADINE.
Lieber Vater, nie war dein Kummer größer als mein Kummer, nie warst du
so trostlos, wie ich mich tröstete. Und doch bekenne ich mich auf
gebeugten Knien als Ursache für beides und sehne mich demütig um deine
Vergebung.

[*Knieend.*]

KÖNIG VON ARAGON.
Ich werde dir verzeihen, liebe Tochter; aber was ihn betrifft –

AMADINE.
Ach, Vater! Was ist mit ihm?

KÖNIG VON ARAGON.
So sicher ich ein König bin und die Krone trage, werde ich mich an diesem
verfluchten Kerl rächen.

MUCEDORUS.
Doch, würdiger Prinz, führe deinen Willen nicht im Zorn aus, zeige Gunst
–

KÖNIG VON ARAGON.
Ja, welche Gunst verdienst du.

MUCEDORUS.
Ich verdiene die Tochter eines Königs.

KÖNIG VON ARAGON.
Oh, unverschämt! Ein Hirte und so unverschämt!

MUCEDORUS.
Ich bin kein Hirte, sondern ein würdiger Prinz.

KÖNIG VON ARAGON.
In fairer Einbildung, nicht fürstlich geboren.

MUCEDORUS.
Ja, als Fürst geboren, mein Vater ist ein König, meine Mutter Königin und
beide von Valencia.

[*Wirft seine Verkleidung ab.*]

KÖNIG VON ARAGON.
Was, Mucedorus? Willkommen an unserem Hof! Welchen Grund hattest
du, verkleidet zu mir zu kommen?

MUCEDORUS.
Kein Grund zur Furcht, ich verursachte keine Beleidigung, aber dies – ich
wünschte, die Tugenden deiner Tochter zu sehen, verbarg mich vor dem
Hof meines Vaters, niemand wusste es, im Verborgenen ruhte ich und
überlebte viele Schwierigkeiten, die dem Tod nahe waren Ist deine Tochter
meine Teilhaberin gewesen? Wie du später im Großen und Ganzen
erfahren wirst. Mit deinem Wunsch wirst du sie mir geben, als mein
Eigentum und als Herrscherin meines Lebens. Dann werde ich denken,
dass meine Reisen gut angelegt sind.

KÖNIG VON ARAGON.
Von ganzem Herzen, aber dies – Segasto nimmt mein Versprechen ein, das
er zuvor gemacht hat, dass er sie als seine einzige Frau haben sollte, vor
meinem Rat, als wir aus dem Krieg kamen. Segasto, möge ich dich sehen,
lass es passieren, und gib Amadine als Frau von Mucedorus.

SEGASTO.
Von ganzem Herzen wäre es nicht viel Größeres. Und was ich kann, um
ihre Riten mit angenehmen Sportarten und Freizeitbeschäftigungen
auszustatten, wirst du sehen.

KÖNIG VON ARAGON.
Danke, guter Segasto; Ich werde darüber nachdenken.

MUCEDORUS.
Danke, mein Herr; und solange ich lebe, Rechenschaft über mich ab, was
ich kann oder darf.

AMADINE.
Und, guter Segasto, diese tollen Höflichkeiten dürfen nicht vergessen
werden.

MAUS.
Hören Sie, Meister! Bones, was hast du getan? Was, das Mädchen
weggegeben, für das du mir solche Mühe gegeben hast? Du bist in der Tat
weise; Masse, und wenn ich das gewusst hätte, hätte ich sie selbst gehabt.
Glaube, Meister, jetzt können wir mit einem Waldschnepfenkuchen
frühstücken.

SEGASTO.
Gehen Sie, Sir, es wäre besser, wenn Sie diese Gaunerei verlassen.

KÖNIG VON ARAGON.
Kommen Sie, meine Herren, lasst uns jetzt vor Gericht gehen,
wo wir den freudigsten Tag beenden können
, der jemals einem verzweifelten König widerfahren ist. Wäre angesichts
dieses verbindenden Knotens nur Ihr Vater, der valencianische Lord,
anwesend.

Ein innerer Schrei; Geben Sie einen MESSENGER EIN *.*

Was war das für ein Schrei?

BOTE.
Mein Herr, der große König von Valencia, Neu angekommen, bittet um
Ihre Anwesenheit.

MUCEDORUS.
Mein Vater?

KÖNIG VON ARAGON.
Bereitete eine Begrüßung vor; Gib ihm Unterhaltung. Nie hat ein
glücklicherer Planet geherrscht als der, der zu dieser Stunde regiert.

Klang. Der KÖNIG VON VALENCIA, ANSELMO, RODRIGO,
BORACHIUS *und andere treten auf; Der* KÖNIG *rennt und umarmt seinen
Sohn.*

KÖNIG VON VALENCIA.
Erhebe dich, Ehre meines Zeitalters, Nahrung für meine Ruhe: Verurteile

nicht, mächtiger König von Aragon, mein unhöfliches Verhalten, das von Natur aus so erzwungen ist, dass Manieren nicht zur Kenntnis genommen wurden.

KÖNIG VON ARAGON.
Was wir zu rezitieren haben, wäre ein langwieriger Beweis durch Erklärung; Deshalb rein und feiern.Morgen wird die Aufführung erklären,Was Worte verbergen: Bis dahin sprechen Trommeln, Glocken läuten,Begrüßen Sie unseren Bruderkönig plausibel.

[*Klangtrommeln und Trompeten. Exeunt omnes.*]

EPILOG

Betreten Sie KOMÖDIE *und* NEID.

KOMÖDIE.
Wie nun, Neid? Was, errötest du schon? Guck hinaus, verstecke deinen
Kopf nicht vor Scham, sondern lobe mit Mut die Taten einer Frau. Deine
Drohungen waren vergeblich, du konntest mir keinen Schaden zufügen,
obwohl du mich mit Trotz zu verärgern schienst, überwältige ich und hast
deinen Block auf den Kopf gestellt und dich darüber straucheln lassen.

NEID.
Auch wenn du gestolpert, aber nicht besiegt bist, schaffst du es nicht, mein
Herz zur Milde zu bewegen. Dennoch muss ich gestehen, dass du es gut
gemacht hast und deine Rolle mit Fröhlichkeit und angenehmer Freude
gespielt hast. Sag das alles, aber du kannst mich nicht besiegen. Dieses Mal
hast du es zwar geschafft – aber auch nicht die Eroberung. Eine doppelte
Rache werde ich ein anderes Mal haben.

KOMÖDIE.
Neid, spucke deine Galle aus; intrigiere, arbeite, schmiede Pläne, erschaffe
neue Täuschungen, aus deinem Schoß wimmelt jede Minute ein schwarzer
Verräter, dessen Blut und Gedanken Zwillinge empfangen haben; studiere,
Taten zu vollbringen, die noch nicht aufgezeichnet wurden, gib
einheimischen Monstern die Form von Menschen; lege bösartige Teufel
unter heilige Rochets; entfessele die Bösen, wo alle Meineide nisten, und
wimmele auf diesem Ball von Verrätern, tue dein Schlimmstes, du kannst,
Höllenhund, heute Nacht meinen Stern nicht kreuzen, noch diesen Ruhm
blenden, wo ich mir Vergnügen wünsche.

NEID.
Ich kann, ich werde.

KOMÖDIE.
Schändliche Hexe, fang an, und lass uns ziehen, bis einer die Oberhand
gewinnt.

NEID.
Komödie, du bist eine oberflächliche Gans, ich werde dich in deiner
eigenen Absicht stürzen und deinen Fall zu meiner komischen Belustigung
machen.

KOMÖDIE.
Deiner Politik fehlt die Ernsthaftigkeit, du bist zu schwach. Sprich, Teufel,
wie?

NEID.
Warum, so. Aus meinem schmutzigen Studium werde ich einen
Unglücklichen hervorheben, einen mageren und hungrigen, mageren
Kannibalen, dessen Kiefer vor beißender Bosheit bis zu seinen Augen
anschwellen; und ihn werde ich zum Dichter machen.

KOMÖDIE.
Was hat das für einen Zweck?

NEID.
Dieser krabbelnde Rabe mit seinem dürftigen Bart, werde ich dazu anregen,
eine Komödie zu schreiben, in der dunkle Sätze komponiert werden sollen,
die den aufrührerischen Köpfen gefallen werden, und überall, wo ich einen
Scherz platziere, dessen hohe Beschimpfungen mehr quälen als Schläge.
Dann ich Ich selbst, schneller als der Blitz, werde mich zu einem mächtigen
Richter fliegen und mit einem Grabenwerfer im Rücken warten. Mitten in
der Fröhlichkeit üben Sie diese Frechheiten, mit einigen Ergänzungen, die
so kürzlich in Ihrem Theater Luft gemacht haben: Er kann nicht umhin,
sich darüber zu beschweren, Zu Ihrer großen Gefahr oder zumindest
Zurückhaltung.

KOMÖDIE.
Hahaha! Ich lache, wenn ich deine Torheit höre. Dies ist eine Falle für
Jungen, nicht für Männer oder solche, die besonders verlassen in ihren
Taten sind und deren biedere Diskretion ihre Absichten bestimmt. Ich und
meine Fraktion meiden diese Laster. Aber seht, oh seht, die Müden Sonne
zur RuheHat seinen goldenen Kompass im Westen ausgerichtet, wo er ewig
verweilt und immer scheint, als Davids Nachkomme in seinem glücklichen
Klima. Bücken Sie sich, Neid, bücken Sie sich, verneigen Sie sich mit mir
vor der Erde, lasst uns auf unseren gebeugten Knien um Verzeihung bitten.

[*Sie knien nieder.*]

NEID.
Meine Macht hat ihre Macht verloren, und Neides Datum ist abgelaufen.
Deine prächtige Majestät hat meinen Stachel fallen lassen,
und ich bin erstaunt darüber.

[*Hinfallen und beben.*]

KOMÖDIE.
Glorreicher und weiser Erz-Cäsar auf dieser Erde, bei dessen Erscheinen
der Neid verstummt, und alle schlechten Dinge aufhören zu wirken,
gewährleistest uns, unseren unfreiwilligen Irrtum zu verzeihen, der erst so
spät deiner gnädigen Ansicht präsentiert wurde, und wir werden uns mit
übermäßigem Schmerz bemühen, Um Ihre Sinne auf eine erlesenere Art zu
erfreuen. Deshalb übergeben wir Sie den Armen der Nacht, deren

glitzernde Dunkelheit zu Ihrer Freude danach streben würde, den Tag zu
übertreffen: Sei dann gesegnet, wer sonst möchte, der möge niemals
sprechen –

NEID.
Amen! Zu Ruhm und Ehre loben wir deine Ruhe, lebe noch glücklicher,
jede Stunde gesegneter.